Sabine Dölemeyer

Kaufmann im Einzelhandel
Kauffrau im Einzelhandel

Prüfungstrainer
Fallbezogenes Fachgespräch

Aufgabenteil

Bestell-Nr. 272

U-Form Verlag · Hermann Ullrich GmbH & Co. KG

Ihre Meinung ist uns wichtig!

Du hast Fragen, Anregungen oder Kritik zu diesem Produkt?

Das U-Form Team steht dir gerne Rede und Antwort.

Direkt auf

facebook.com/pruefungscheck

fragen, diskutieren, stöbern und weiteres Wichtige und Wissenswerte rund um Ausbildung erfahren

oder einfach eine kurze E-Mail an

feedback@u-form.de

Bitte beachten:

Zu diesem Prüfungstrainer gehört auch noch ein Lösungsteil.

Bildnachweis

Titelbild: © vasabii – Fotolia.com

U-Form Verlag, Hermann Ullrich GmbH & Co. KG
Cronenberger Straße 58 · 42651 Solingen
Telefon 0212 22207-0 · Telefax 0212 208963
Internet: www.u-form.de · E-Mail: uform@u-form.de

9. Auflage 2017 · ISBN 978-3-88234-272-7

Inhaltsverzeichnis Aufgabenteil

Ihre Notizen

Vorwort

Seit dem 1. Juli 2009 ist die bundeseinheitliche Verordnung über die Erprobung abweichender Ausbildungs- und Prüfungsbestimmungen im Ausbildungsberuf **Kaufmann/Kauffrau im Einzelhandel** in Kraft.

Durch die Erprobung soll untersucht werden, ob die Durchführung der Abschlussprüfung in zwei auseinanderfallenden Teilen – die sogenannte **Gestreckte Abschlussprüfung** – die geeignete Prüfungsform für diesen Ausbildungsberuf ist. Darüber hinaus sollen Struktur, Inhalt und Gewichtung der Prüfungsteile 1 und 2 erprobt werden.

Durch die Verordnung wird das klassische, aus Zwischen- und Abschlussprüfung bestehende Prüfungsverfahren abgelöst.

Am 31.12.1014 ist die 2. Änderungsverordnung in Kraft getreten, die die Laufzeit der Erprobungsverordnung bis zum 31. Juli 2018 verlängert, sodass ausreichend Zeit für die Novellierung der Ausbildungsverordnung zur Verfügung steht.

Der vorliegende Prüfungstrainer enthält praxisnahe Aufgaben zu allen acht Wahlqualifikationseinheiten und die entsprechenden Lösungshinweise zur Vorbereitung auf die mündliche Abschlussprüfung, das sogenannte

Fallbezogene Fachgespräch

Außerdem informieren wir Sie auf den nächsten Seiten über die gesetzlichen Bestimmungen zur Abschlussprüfung, die Gewichtung und Bewertung der Prüfungsleistungen und die Bestehensregelung. Darüber hinaus geben wir Ihnen einige nützliche Tipps, wie Sie sich auf die Prüfung vorbereiten können.

Die Bewertung des Fallbezogenen Fachgesprächs bestimmt zu 40 % die Gesamtnote Ihrer Abschlussprüfung. Damit kommt diesem Prüfungsbereich eine große Bedeutung zu.

Beschäftigen Sie sich also rechtzeitig mit den Themen der von Ihnen festgelegten Wahlqualifikationen. Die zahlreichen Aufgaben ermöglichen es Ihnen, das in Ihrer Ausbildung erworbene Wissen zu überprüfen, Wissenslücken aufzuspüren und diese zu schließen.

Wir wünschen Ihnen viel Erfolg für Ihre Prüfung!

Ihre Notizen

Aufbau der Prüfung

Die Abschlussprüfung zum Kaufmann/zur Kauffrau im Einzelhandel besteht aus dem Teil 1, der ausschließlich schriftlich geprüft wird und dem Teil 2, der aus einem schriftlichen und einem mündlichen Teil besteht.

Teil 1 der Abschlussprüfung wird schriftlich am Ende des zweiten Ausbildungsjahres geprüft und besteht aus den Prüfungsbereichen:

1. Verkauf und Marketing
2. Warenwirtschaft und Rechnungswesen
3. Wirtschafts- und Sozialkunde

Inhalte und Aufgaben dieses ersten Prüfungsteils sind identisch mit der schriftlichen Abschlussprüfung im Ausbildungsberuf Verkäufer/Verkäuferin.

Teil 2 der Abschlussprüfung wird am Ende des dritten Ausbildungsjahres geprüft und besteht aus den Prüfungsbereichen:

1. Geschäftsprozesse im Einzelhandel (schriftliche Prüfung)
2. Fallbezogenes Fachgespräch (mündliche Prüfung)

Durch die Abschlussprüfung soll festgestellt werden, ob Sie die berufliche Handlungsfähigkeit dieses Ausbildungsberufes erworben haben. Sie sollen nachweisen, dass Sie die dafür erforderlichen beruflichen Fertigkeiten beherrschen, die notwendigen beruflichen Kenntnisse und Fähigkeiten besitzen und mit dem im Berufsschulunterricht vermittelten Lehrstoff vertraut sind. Der Prüfung muss die entsprechende Ausbildungsordnung zugrunde liegen.

Berufsbildungsgesetz BBiG § 38 Prüfungsgegenstand

Durch die Abschlussprüfung ist festzustellen, ob der Prüfling die berufliche Handlungsfähigkeit erworben hat. In ihr soll der Prüfling nachweisen, dass er die beruflichen Fertigkeiten beherrscht, die notwendigen beruflichen Kenntnisse und Fähigkeiten besitzt und mit dem im Berufsschulunterricht zu vermittelnden, für die Berufsausbildung wesentlichen Lehrstoff vertraut ist. Die Ausbildungsordnung ist zugrunde zu legen.

Hinweise zur Abschlussprüfung

Die Gewichtung der Prüfungsbereiche

Die einzelnen Prüfungsbereiche sind wie folgt zu gewichten:

Teil 1

1. Verkauf und Marketing	15 %	35 %
2. Warenwirtschaft und Rechnungswesen	10 %	
3. Wirtschafts- und Sozialkunde	10 %	

Teil 2

4. Geschäftsprozesse im Einzelhandel	25 %	65 %
5. Fallbezogenes Fachgespräch	40%	

Die Bestehensregelung

Die Bestehensregelung ergibt sich aus § 8 der Erprobungsverordnung.

Danach ist die Abschlussprüfung bestanden, wenn

- im Gesamtergebnis von Teil 1 und Teil 2 mindestens „ausreichende" Leistungen erbracht wurden,
- der Prüfungsbereich „Geschäftsprozesse im Einzelhandel" mit mindestens „ausreichend" bewertet wurde (Sperrfach),
- im Prüfungsbereich „Fallbezogenes Fachgespräch" mindestens „ausreichende" Leistungen erzielt wurden (Sperrfach),
- der Teil 2 der Abschlussprüfung mit mindestens „ausreichend" bewertet wurde,
- in keinem Prüfungsbereich von Teil 2 eine „ungenügende" Leistung erbracht wurde.

Die Prüfungsfächer „Geschäftsprozesse im Einzelhandel" und das „Fallbezogene Fachgespräch" sind Sperrfächer. Das bedeutet, in diesen Fächern müssen mindestens ausreichende Leistungen erbracht werden, um die Prüfung zu bestehen.

IHK-Notenschlüssel

Die Bewertung Ihrer Prüfungsleistung erfolgt anhand des folgenden IHK-Notenschlüssels:

Punkte in %	Note	Beschreibung
100 bis 92 Punkte	**sehr gut**	Eine den Anforderungen **in besonderem Maße** entsprechende Leistung.
unter 92 – 81 Punkte	**gut**	Eine den Anforderungen **voll entsprechende** Leistung.
unter 81 – 67 Punkte	**befriedigend**	Eine den Anforderungen im **Allgemeinen entsprechende** Leistung.
unter 67 – 50 Punkte	**ausreichend**	Eine Leistung, die Mängel **aufweist, aber im Ganzen den Anforderungen noch entspricht.**
unter 50 – 30 Punkte	**mangelhaft**	Eine Leistung, die den **Anforderungen nicht entspricht, jedoch erkennen lässt, dass Grundkenntnisse noch vorhanden sind.**
unter 30 – 0 Punkte	**ungenügend**	Eine Leistung, die den **Anforderungen nicht entspricht** und bei der selbst Grundkenntnisse fehlen.

Gewichtung und Bewertung der Prüfungsergebnisse

Beispielrechnung:

	Ergebnis		Gewichtung		
Teil 1					
Verkauf und Marketing	85 Punkte	x	15 %	=	12,75 %
Warenwirtschaft und Rechnungswesen	82 Punkte	x	10 %	=	8,20 %
Wirtschafts- und Sozialkunde	87 Punkte	x	10 %	=	8,70 %
Teil 2					
Geschäftsprozesse im Einzelhandel	83 Punkte	x	25 %	=	20,75 %
Fallbezogenes Fachgespräch	90 Punkte	x	40 %	=	36,00 %
Gesamt				=	**86,40 %**

Das Ergebnis entspricht der Gesamtnote **„gut“.**

Prüfungsergebnis

Nach der Durchführung des 1. Teils der Gestreckten Abschlussprüfung erhalten Sie eine Bescheinigung über Ihre erbrachten Leistungen. Ein Nichtbestehen des 1. Teils der Abschlussprüfung ist nicht möglich. Allerdings gehen die Bewertungen der einzelnen Prüfungsbereiche unmittelbar in Ihr Prüfungszeugnis ein.

Vor Beginn des Fallbezogenen Fachgesprächs erhalten Sie von der Industrie- und Handelskammer das vorläufige Ergebnis des Prüfungsbereichs „Geschäftsprozesse im Einzelhandel“ und ggf. ein Antragsformular für die mündliche Ergänzungsprüfung.

Ihr Prüfungsergebnis wird nach Beendigung des zweiten Teils der Gestreckten Abschlussprüfung ermittelt. Anschließend wird Ihnen mitgeteilt, ob Sie die Prüfung bestanden haben.

Hinweise zur Abschlussprüfung

Die mündliche Ergänzungsprüfung

Ist die Prüfungsleistung im Prüfungsfach „Geschäftsprozesse im Einzelhandel" mit „mangelhaft" bewertet, so besteht auf Antrag des Prüflings die Möglichkeit einer mündlichen Ergänzungsprüfung. Die Ergänzungsprüfung hat eine Dauer von etwa 15 Minuten.

Bei der Ermittlung des Ergebnisses werden das bisherige Ergebnis und das Ergebnis der Ergänzungsprüfung im Verhältnis 2 : 1 gewichtet.

Beispielrechnung:

Geschäftsprozesse im Einzelhandel

Ergebnis der schriftlichen Prüfung	45 %	x	2	=	90 %
Ergebnis mündliche Ergänzungsprüfung	60 %	x	1	=	60 %
Gesamt				=	150%

Gesamtergebnis : 3 = 150 % : 3 = **50%**

Das Ergebnis entspricht der Gesamtnote **„ausreichend"**

Das Prüfungsfach „Geschäftsprozesse im Einzelhandel" wäre damit bestanden.

Die Wiederholungsprüfung

Die Abschlussprüfung kann im Falle des Nichtbestehens zweimal wiederholt werden. Da die Prüfung in zwei auseinanderfallendenden Teilen erfolgt, ist der erste Teil nicht eigenständig wiederholbar.

Der Prüfungsteilnehmer kann sich auf Antrag von der Wiederholung der Prüfungsbereiche befreien lassen, in denen er bereits ausreichende Leistungen erzielt hat. Auf Verlangen ist die Ausbildungszeit bis zur nächstmöglichen Prüfung zu verlängern, höchstens jedoch um ein Jahr.

Berufsbildungsgesetz BBiG § 37 Abschlussprüfung

(1) In anerkannten Ausbildungsberufen sind Abschlussprüfungen durchzuführen. Die Abschlussprüfung kann im Falle des Nichtbestehens zweimal wiederholt werden. Sofern die Abschlussprüfung in zwei auseinander fallenden Teilen durchgeführt wird, ist der erste Teil der Abschlussprüfung nicht eigenständig wiederholbar.

(2) … Sofern die Abschlussprüfung in zwei auseinander fallenden Teilen durchgeführt wird, ist das Ergebnis der Prüfungsleistungen im ersten Teil der Abschlussprüfung den Prüflingen schriftlich mitzuteilen.

Zulassungsvoraussetzung

Zum ersten Teil der Abschlussprüfung werden Sie zugelassen, wenn Ihr Ausbildungsvertrag im Verzeichnis der Berufsausbildungsverhältnisse eingetragen wurde, Sie einen Ausbildungsnachweis geführt und die erforderliche Ausbildungszeit absolviert haben.

Für den zweiten Teil der Abschlussprüfung ist zusätzlich die Teilnahme am ersten Teil der Abschlussprüfung Voraussetzung (Ausnahme: Der Auszubildende hat die Gründe für eine Nichtteilnahme nicht zu vertreten).

Bei der Anmeldung zur Abschlussprüfung ist der Industrie- und Handelskammer mitzuteilen, welche drei der acht Wahlqualifikationseinheiten zu Beginn Ihrer Ausbildung festgelegt und welcher Warenbereich im Ausbildungsnachweis dokumentiert wurde, da dies Grundlagen Ihrer mündlichen Prüfung sind.

Anlage zur Anmeldung zur Abschlussprüfung
Kaufmann/Kauffrau im Einzelhandel

Prüfungsteilnehmer

Name, Vorname:
Straße:
PLZ, Ort:

Ausbildungsstätte

Firma:
Straße:
PLZ, Ort

Gemäß § 3 Abs. 3 der Verordnung über die Erprobung abweichender Ausbildungs- und Prüfungsbestimmungen in der Berufsausbildung im Ausbildungsberuf Kaufmann / -frau im Einzelhandel ist eine der festgelegten Wahlqualifikationen Grundlage für die Aufgabenstellung durch den Prüfungsausschuss.

Bitte kreuzen Sie drei der acht genannten Wahlqualifikationseinheiten der Auswahlliste an, wobei mindestens eine der drei erstgenannten dabei sein muss!

Wahlqualifikationseinheiten:

1. Beratung, Ware, Verkauf
2. Beschaffungsorientierte Warenwirtschaft
3. Warenwirtschaftliche Analyse
4. Kaufmännische Steuerung und Kontrolle
5. Marketing
6. IT-Anwendungen
7. Personal
8. Grundlagen unternehmerischer Selbstständigkeit

Folgender Warenbereich, bestehend aus den folgenden Warengruppen lag der Ausbildung schwerpunktmäßig zugrunde:

Warenbereich: ______________________

____

Ort, Datum	**Unterschrift des Prüfungsteilnehmers**	**Unterschrift des Ausbildenden**

Hinweise zur Abschlussprüfung

Berufsbildungsgesetz BBiG § 44 Zulassung zur Abschlussprüfung bei zeitlich auseinander fallenden Teilen

Sofern die Abschlussprüfung in zwei auseinander fallenden Teilen durchgeführt wird, ist über die Zulassung jeweils gesondert zu entscheiden.
(1) Zum ersten Teil der Abschlussprüfung ist zuzulassen, wer die in der Ausbildungsordnung vorgeschriebene, erforderliche Ausbildungszeit zurückgelegt hat und die Voraussetzungen des § 43 Abs. 1 Nr. 2 und 3 erfüllt.
(2) Zum zweiten Teil der Abschlussprüfung ist zuzulassen, wer über die Voraussetzungen in § 43 Abs. 1 hinaus am ersten Teil der Abschlussprüfung teilgenommen hat. Dies gilt nicht, wenn Auszubildende aus Gründen, die sie nicht zu vertreten haben, am ersten Teil der Abschlussprüfung nicht teilgenommen haben. In diesem Fall ist der erste Teil der Abschlussprüfung zusammen mit dem zweiten Teil abzulegen.

Der Prüfungsausschuss

Das Fallbezogene Fachgespräch führen Sie vor einem Prüfungsausschuss.

Der Prüfungsausschuss wird von der zuständigen Stelle für die Dauer von längstens fünf Jahren berufen. Die Tätigkeit im Prüfungsausschuss ist ehrenamtlich. Der Ausschuss besteht aus mindestens drei Mitgliedern, die für die Prüfungsgebiete sachkundig und für die Mitwirkung im Ausschuss geeignet sein müssen.

Beschlüsse über die Noten zur Bewertung einzelner Prüfungsleistungen, der Prüfung insgesamt sowie über das Bestehen und Nichtbestehen der Abschlussprüfung werden durch den Prüfungsausschuss gefasst.

Berufsbildungsgesetz BBiG § 40 Zusammensetzung und Berufung

(1) Der Prüfungsausschuss besteht aus mindestens drei Mitgliedern. Die Mitglieder müssen für die Prüfungsgebiete sachkundig und für die Mitwirkung im Prüfungsausschuss geeignet sein.

(2) Dem Prüfungsausschuss müssen als Mitglieder Beauftragte der Arbeitgeber und der Arbeitnehmer in gleicher Zahl sowie mindestens eine Lehrkraft einer berufsbildenden Schule angehören. Mindestens zwei Drittel der Gesamtzahl der Mitglieder müssen Beauftragte der Arbeitgeber und der Arbeitnehmer sein. Die Mitglieder haben Stellvertreter oder Stellvertreterinnen.

(3) Die Mitglieder werden von der zuständigen Stelle längstens für fünf Jahre berufen.

(4) Die Tätigkeit im Prüfungsausschuss ist ehrenamtlich.

Das Fallbezogene Fachgespräch

Grundlage des Fallbezogenen Fachgesprächs ist eine der drei zu Beginn Ihrer Ausbildung festgelegten Wahlqualifikationseinheiten. Außerdem wird der im schriftlichen Ausbildungsnachweis dokumentierte Warenbereich im Fachgespräch berücksichtigt.

Bei Aufgaben zu den Wahlqualifikationseinheiten 1 bis 7 sollen Sie zeigen, dass Sie kunden- und serviceorientiert handeln und betriebspraktische Aufgaben unter Berücksichtigung von wirtschaftlichen, ökologischen und rechtlichen Zusammenhängen lösen können und über entsprechende Kommunikationsfähigkeiten sowie über warenspezifische Kenntnisse des jeweiligen Warenbereichs verfügen.

Bei Aufgaben zu der Wahlqualifikationseinheit 8 sollen Sie zeigen, dass Sie sowohl Risiken und Chancen einer Existenzgründung als auch unternehmerische Entscheidungen unter Berücksichtigung von wirtschaftlichen, ökologischen und rechtlichen Zusammenhängen vorbereiten können und über entsprechende Kommunikationsfähigkeiten sowie über warenspezifische Kenntnisse des jeweiligen Warenbereichs verfügen.

Der Prüfungsausschuss legt Ihnen zwei praxisbezogene Aufgaben vor, aus denen Sie eine zur Bearbeitung auswählen. Anhand dieser Aufgabe wird das Fachgespräch geführt.

Sie haben maximal 15 Minuten Zeit, sich auf das Gespräch vorzubereiten. Das Fachgespräch selbst dauert maximal 20 Minuten.

Hinweise zur Abschlussprüfung

Wahlqualifikationen

§ 3 (3) Die Auswahlliste nach Absatz 1 Nummer 11 umfasst folgende acht Wahlqualifikationseinheiten
Auswahl: 1 aus den Einheiten 1-3, insgesamt 3

1. Beratung, Ware, Verkauf
- 1.1 Kundenorientierte Kommunikation
- 1.2 Konfliktlösung
- 1.3 Warenkenntnisse in zusätzlichen Warengruppen

2. Beschaffungsorientierte Warenwirtschaft
- 2.1 Warendisposition
- 2.2 Sortimentsgestaltung
- 2.3 Verträge und Zahlungsbedingungen

3. Warenwirtschaftliche Analyse
- 3.1 Umsatzentwicklung
- 3.2 Leistungskennziffern der Warenbewegung
- 3.3 Bestandsführung

4. Kaufmännische Steuerung und Kontrolle
- 4.1 Kosten- und Leistungsrechnung
- 4.2 Steuerung mittels Kennziffern
- 4.3 Preisgestaltung
- 4.4 Betriebliche Erfolgsrechnung

5. Marketing
- 5.1 Verkaufsförderung
- 5.2 Standortmarketing
- 5.3 Zielgruppenmarketing

6. IT-Anwendungen
- 6.1 Elektronische Geschäftsabwicklung
- 6.2 Datenbanken
- 6.3 Optimierung der Warenwirtschaft
- 6.4 Benutzerunterstützung

7. Personal
- 7.1 Selbstverantwortung und Motivation
- 7.2 Führen mit Zielen
- 7.3 Selbst- und Zeitmanagement
- 7.4 Kommunikation
- 7.5 Personalentwicklung
- 7.6 Personaleinsatz

8. Grundlagen unternehmerischer Selbstständigkeit

Allgemeine Tipps

Aufregung und Nervosität vor einer Prüfung sind völlig normal. Sie können jedoch sicher sein, dass die Mitglieder des Prüfungsausschusses Verständnis für Ihre Situation haben und Sie gern unterstützen.

Allerdings merken die Prüfer sehr schnell, wenn Sie Ihre Nervosität als Entschuldigung für mangelndes Wissen vortäuschen.

Sie selbst können durch eine gute fachliche Vorbereitung und die Beachtung einiger weniger Regeln selbst dazu beitragen, ein gutes Prüfungsergebnis zu erzielen.

Den ersten Eindruck vermitteln Sie dem Prüfungsausschuss bereits, wenn Sie den Prüfungsraum betreten. Darum ist Pünktlichkeit, ein gepflegtes Äußeres, höfliches und freundliches Auftreten und eine deutliche Sprache der erste Schritt, sich dem Prüfungsausschuss positiv zu präsentieren. Stellen Sie sich den Prüfern vor, indem Sie Ihren Namen und Ihren Ausbildungsort nennen.

Ihnen werden zwei Aufgaben zur Wahl gestellt, aus denen Sie eine auswählen. Sollte Ihnen die Aufgabenstellung oder einzelne Begriffe unklar sein, fragen Sie direkt nach. Die Prüfer werden Ihnen gern helfen.

Wenn Sie sich für eine Aufgabe entschieden haben, lesen Sie die Aufgabenstellung während der 15-minütigen Vorbereitungszeit noch einmal aufmerksam durch und unterstreichen oder markieren Sie Wesentliches. Notieren Sie sich zu den einzelnen Fragen Stichpunkte. Das sollten Sie bereits in der Vorbereitung zur mündlichen Prüfung üben, damit Sie mit der Vorbereitungszeit auskommen und sich nicht verzetteln. Konzentrieren Sie sich auf das, was Sie wissen und nicht auf das, was Sie nicht wissen, denn das macht Sie nervös und kostet unnötig Zeit.

Nach der Bearbeitung der Aufgabenstellung präsentieren Sie Ihre Ergebnisse. Beginnen Sie Ihren Vortrag bitte nicht mit dem Hinweis, dass Sie manche Aufgaben nicht oder nur unzureichend beantworten können. Damit schmälern Sie nur Ihre eigene Leistung. Wenn Sie selbst schon nicht von Ihrer Leistung überzeugt sind, wie sollen es die Prüfer sein. Präsentieren Sie also zunächst das, was Sie wissen!

Während der Präsentation Ihrer Ergebnisse dürfen Sie natürlich Ihre Notizen nutzen, das wird Ihnen Sicherheit geben. Zittern Ihre Hände, legen Sie Ihre Unterlagen einfach auf den Tisch. Versuchen Sie Blickkontakt zu den Prüfern zu halten und deutlich und in einem angemessenen Sprachniveau zu sprechen.

Begründen Sie Ihre Aussage mit Beispielen aus Ihrer täglichen Arbeit und berücksichtigen Sie bei den Antworten Ihren Warenbereich. Das zeigt den Prüfern, dass Sie Ihr erworbenes Wissen anwenden können und es gibt Ihnen gleichzeitig Sicherheit, da Sie sich auf vertrautem Terrain bewegen.

Im Anschluss an Ihre Präsentation stellen Ihnen die Prüfer in der noch verbleibenden Zeit ergänzende Fragen zu der von Ihnen festgelegten Wahlqualifikation und den in Ihrem Ausbildungsnachweis dokumentierten Warenbereich.

Hinweise zur Abschlussprüfung

Bewertung der Prüfung

Der Prüfungsausschuss bewertet das Gespräch u. a. anhand folgender Kriterien:

- Wurde die Aufgabe richtig erfasst?
- Wurden die Lösungen sach- und fachgerecht begründet?
- Wurden fachliche Hintergründe umfassend dargestellt und Fachbegriffe sicher verwendet?
- Wurden die Aufgaben vollständig beantwortet?
- Wurden die Ergebnisse überzeugend dargestellt?
- Wurde ein angemessenes Sprachniveau benutzt?

Im Anschluss an das Fallbezogene Fachgespräch bewertet der Prüfungsausschuss Ihre Leistungen und befindet über die Note.

Berufsbildungsgesetz BBiG § 42 Beschlussfassung, Bewertung der Abschlussprüfung

(1) Beschlüsse über die Noten zur Bewertung einzelner Prüfungsleistungen, der Prüfung insgesamt sowie über das Bestehen und Nichtbestehen der Abschlussprüfung werden durch den Prüfungsausschuss gefasst.

Prüfungszeugnis

Nach bestandener Abschlussprüfung stellt Ihnen die IHK ein Prüfungszeugnis aus. Es enthält die Berufsbezeichnung, die Prüfungsleistungen, die Sie in jedem der Prüfungsfächer erzielt haben und das Gesamtergebnis Ihrer Abschlussprüfung.

Berufsbildungsgesetz BBiG § 37 Abschlussprüfung

(2) Dem Prüfling ist ein Zeugnis auszustellen.

Sofern die Abschlussprüfung in zwei zeitlich auseinander fallenden Teilen durchgeführt wird, ist das Ergebnis der Prüfungsleistungen im ersten Teil der Abschlussprüfung dem Prüfling schriftlich mitzuteilen.

Prüfungsbereich		Prüfungszeit	Gewichtung	Bestehensregelung	
Teil 1 Prüfung zum Ende des 2. Ausbildungsjahres					
Verkauf und Marketing	schriftlich ungebundene Aufgaben	max. 120 Minuten **90 Minuten**	**15%**		
Warenwirtschaft und Rechnungswesen	schriftlich vorwiegend gebundene Aufgaben	max. 90 Minuten **60 Minuten**	**10%**		
Wirtschafts- und Sozialkunde	schriftlich vorwiegend gebundene Aufgaben	max. 60 Minuten **60 Minuten**	**10%**		**Teil 1 der Prüfung ist nicht eigenständig wiederholbar.**
Teil 2 Prüfung zum Ende des 3. Ausbildungsjahres					
Geschäftsprozesse im Einzelhandel	schriftlich ungebundene Aufgaben	**105 Minuten**	**25%**	**Sperrfach,** d. h. mind. Note „ausreichend"	**Ergänzungsprüfung bei nicht „ausreichender" Leistungen möglich.**
Fallbezogenes Fachgespräch	mündlich	Vorbereitungszeit 15 Minuten max. **20 Minuten**	**40%**	**Sperrfach,** d. h. mind. Note „ausreichend"	
			100%		

Verkäufer/Verkäuferin	Kaufmann/Kauffrau im Einzelhandel
Zwischenprüfung	**Keine Zwischenprüfung**
Schriftliche Abschlussprüfung • Verkauf und Marketing • Warenwirtschaft und Rechnungswesen • Wirtschafts- und Sozialkunde	**1. Teil Gestreckte Abschlussprüfung (schriftlich)** • Verkauf und Marketing • Warenwirtschaft und Rechnungswesen • Wirtschafts- und Sozialkunde

Die schriftliche Abschlussprüfung Verkäufer/-in ist identisch mit Teil 1 der Gestreckten Abschlussprüfung Kaufmann/ Kauffrau im Einzelhandel!

Verkäufer/Verkäuferin	Kaufmann/Kauffrau im Einzelhandel
Mündliche Abschlussprüfung • Fallbezogenes Fachgespräch	
Möglichkeit zum Anschlussvertrag zur Ausbildung Kaufmann/Kauffrau im Einzelhandel: Die schriftliche Abschlussprüfung Verkäufer/Verkäuferin wird als Teil 1 der Gestreckten Abschlussprüfung Kaufmann/Kauffrau im Einzelhandel angerechnet. →	**2. Teil Gestreckte Abschlussprüfung (schriftlich und mündlich)** • Geschäftsprozesse im Einzelhandel (schriftlich) • Fallbezogenes Fachgespräch (mündlich)

1

Wahlqualifikation:

Beratung, Ware, Verkauf

(§ 3 Absatz 3 Nummer 1)

Hinweis

ACHTUNG!

Sollte es für diesen Prüfungstrainer Aktualisierungen oder Änderungen geben, können Sie diese unter

www.u-form.de/addons/272-2.zip

herunterladen. Ist diese Seite nicht verfügbar, so sind keine Änderungen eingestellt!

1.1 Kundenorientierte Kommunikation

a) Zusammenhänge zwischen Selbstbild und Fremdbild erläutern und bei der Kommunikation berücksichtigen

b) unternehmerische Ziele im eigenen Arbeitsbereich kundenorientiert umsetzen

c) Grundmuster zur Stressentstehung und Stressbewältigung berücksichtigen

d) die Auswirkungen eigener Emotionen im Verkauf berücksichtigen

e) Kommunikationstechniken unterscheiden und zur Förderung der Kundenzufriedenheit anwenden

f) im Beratungsgespräch Qualitäts- und Leistungsansprüche des Unternehmens gegenüber dem Kunden vertreten

1.2 Konfliktlösung

a) grundlegende Muster der Entstehung und Bewältigung von Konflikten beschreiben

b) Ursachen von Konfliktsituationen im Verkaufsgespräch analysieren und Schlussfolgerungen für zukünftige Verkaufsgespräche ableiten

1.3 Warenkenntnisse in zusätzlichen Warengruppen

a) Struktur zweier weiterer Warengruppen im Ausbildungsbetrieb darstellen

b) Kunden über qualitäts- und preisbestimmende Merkmale sowie Ver- und Anwendungsmöglichkeiten informieren

c) Unterschiede von Herstellermarken und Handelsmarken im Verkaufsgespräch erläutern

d) Kunden über rechtliche und betriebliche Rücknahmeregelungen sowie über umweltgerechte Entsorgungsmöglichkeiten von Waren informieren

e) Trends und innovative Ansätze beobachten und als Verkaufsargument nutzen

f) im Kundengespräch warenspezifische mengen und Preise ermitteln

g) Kaufmotive und Wünsche von Kunden durch Beobachten, aktives Zuhören und Fragen ermitteln und in Verkaufsgesprächen nutzen

h) Medien für die Aneignung von warenspezifischen Kenntnissen nutzen

i) Gesundheits- und Umweltverträglichkeit von Waren beurteilen

Ablauf des Fallbezogenen Fachgesprächs:

- Der Prüfungsausschuss legt Ihnen zwei Aufgaben vor, aus denen Sie eine auswählen.
- Anhand der ausgewählten Aufgabe wird das Prüfungsgespräch geführt.
- Sie haben ca. 15 Minuten Zeit, sich auf das Gespräch vorzubereiten. Machen Sie sich Notizen!
- Das Prüfungsgespräch dauert maximal 20 Minuten.
- Der Prüfungsausschuss bewertet anschließend Ihre Leistung und teilt Ihnen das Prüfungsergebnis mit.

Ausgangssituation 1:

Das freundliche und fachkundige Verkaufspersonal ist das beste und preisgünstigste Werbemittel Ihres Ausbildungsbetriebes. Sie nehmen daher an einem Verkaufstraining teil, das sich mit dem Anforderungsprofil eines kompetenten Verkaufsmitarbeiters auseinandersetzt.

Bitte präsentieren Sie Ihre Lösungen/Begründungen zu den folgenden Aufgabenstellungen.

Aufgabenstellung:

a) Beschreiben Sie, welche persönlichen Eigenschaften Ihrer Meinung nach ein guter Verkaufsmitarbeiter besitzen sollte!

b) Welche Anforderungen werden an Sie aus Sicht der Kunden in Bezug auf Ihr Verhalten, Ihre Sprache und Ihre äußere Erscheinung gestellt?

c) Viele Kunden sind heute über die angebotenen Waren gut informiert und daher beim Kauf sehr kritisch. Sie erwarten vom Verkaufsmitarbeiter eine hohe Waren- und Fachkompetenz. Welche Voraussetzungen sind für eine fachkundige und kompetente Beratung erforderlich?

d) Nennen Sie Informationsquellen, die Sie zur Erweiterung Ihrer Produkt-, Waren- und Sortimentskenntnisse nutzen können!

e) Für viele Kunden steht der Erlebniskauf im Vordergrund. Welche Erwartungen stellen Ihre Kunden an eine erlebnisorientierte Verkaufsatmosphäre?

Ihre Notizen

Ausgangssituation 2:

In Ihrem Ausbildungsbetrieb wird die Ware hauptsächlich im Vorwahlsystem angeboten. Eine Stammkundin betritt Ihr Geschäft, schaut sich suchend um und betrachtet dann intensiv einen Artikel (Wählen Sie einen Artikel Ihres Warenbereichs!).

Bitte präsentieren Sie Ihre Lösungen/Begründungen zu den folgenden Aufgabenstellungen.

Aufgabenstellung:

a) Beschreiben Sie, an welchen Verhaltensweisen Sie erkennen, dass die Kundin eine Beratung wünscht!

b) Finden Sie eine geeignete Kundenansprache am Beispiel des von Ihnen gewählten Artikels und erläutern Sie, warum eine positive Kontaktaufnahme zur Kundin für den Verlauf des Verkaufsgesprächs von Bedeutung ist!

c) Um ein Vertrauensverhältnis zur Kundin aufzubauen und ihre Wünsche und Erwartungen zu ermitteln, bedienen Sie sich der Technik des **„Aktiven Zuhörens"**. Welche Aspekte kennzeichnen diese Technik?

d) Nennen Sie Kaufmotive, die den Kunden Ihres Warenbereichs besonders wichtig sind!

e) Formulieren Sie Verkaufsargumente für die von Ihnen genannten Kaufmotive am Beispiel von Waren aus Ihrem Warenbereich!

Ihre Notizen

Ausgangssituation 3:

Verkaufsgespräche sollen immer individuell auf den Kunden bezogen geführt werden. Damit Sie diesem Anspruch gerecht werden, steuern Sie das Verkaufsgespräch durch einen systematischen Aufbau. Ein Kunde bittet Sie um Ihre Hilfe bei einem Geschenkkauf.

Bitte präsentieren Sie Ihre Lösungen/Begründungen zu den folgenden Aufgabenstellungen.

Aufgabenstellung:

a) Beschreiben Sie bitte, in welche sinnvollen Phasen Sie Ihr Verkaufsgespräch gliedern!

b) Erläutern Sie in diesem Zusammenhang die Abkürzung „AIDA"!

c) Formulieren Sie drei Fragen, die Sie dem Kunden zur genauen Bedarfsermittlung stellen!

d) Nachdem Sie den Bedarf des Kunden ermittelt haben, treffen Sie eine Auswahl an geeigneten Artikeln. Welche Grundsätze berücksichtigen Sie bei der Warenvorlage?

e) Welche nonverbalen (nicht sprachlichen) Äußerungen des Kunden signalisieren Ihnen, dass ihm eine Ware gefällt, bzw. nicht gefällt?

Ihre Notizen

Ausgangssituation 4:

Das Herbeiführen des Kaufentschlusses ist die wichtigste, jedoch auch die schwierigste Phase des Verkaufsgespräches. Ihnen stehen dafür verschiedene Techniken zur Verfügung.

Bitte präsentieren Sie Ihre Lösungen/Begründungen zu den folgenden Aufgabenstellungen.

Aufgabenstellung:

a) Ein erfolgreiches Verkaufsgespräch wird maßgeblich durch eine richtige Fragetechnik beeinflusst. Nennen Sie verschiedene Fragetechniken und finden Sie jeweils ein Beispiel, bezogen auf Ihren Warenbereich!

b) Ihre Kundin wendet nach der Warenvorlage ein: „Ich kann mir nicht vorstellen, dass dieses Material wasserabweisend ist!" (Oder wählen Sie einen typischen Kundeneinwand Ihres Warenbereichs!). Wie begegnen Sie diesem Einwand mit der **„Ja-Aber-Methode"**? Formulieren Sie eine Antwort am Beispiel eines Artikels Ihrer Wahl!

c) Beschreiben Sie eine weitere Methode, die Ihnen bei der Behandlung von Kundeneinwänden hilft!

d) Die Kundin möchte gern von Ihnen wissen, wie viel ein bestimmter Artikel kostet. Wie gehen Sie dabei unter Anwendung der **Sandwich-Methode** vor? Formulieren Sie eine verkaufsfördernde Antwort am Beispiel eines Artikels Ihres Warenbereichs! Begründen Sie, warum die Preisnennung nicht den Abschluss eines Verkaufsgespräches bilden sollte!

e) Wie verhalten Sie sich, wenn die Kundin sich trotz Ihrer intensiven Beratung nicht zum Kauf entschließen kann?

Ihre Notizen

Ausgangssituation 5:

Im Geschäftsalltag müssen Sie immer wieder besondere Verkaufssituationen bewältigen. Sie reagieren jeweils im Sinne einer optimalen Kundenorientierung.

Bitte präsentieren Sie Ihre Lösungen/Begründungen zu den folgenden Aufgabenstellungen.

Aufgabenstellung:

a) Wie verhalten Sie sich beim Verkauf während Hochbetrieb in Ihrem Ausbildungsbetrieb herrscht?

b) Viele Ihrer Kunden kommen in Begleitung. Was müssen Sie beim Umgang mit Kunden in Begleitung beachten?

c) Wie reagieren Sie, wenn ein Kunde Ware aus dem Schaufenster kaufen möchte?

d) Wie unterstützen Sie ältere Kunden bei ihrem Einkauf?

e) Wie gehen Sie mit Spätkunden um?

Ihre Notizen

Ausgangssituation 6:

Wenige Tage nach dem Kauf eines Artikels (Wählen Sie einen Artikel Ihres Warenbereichs!) kommt ein Kunde sehr aufgebracht in Ihren Ausbildungsbetrieb und begrüßt Sie mit den Worten: „Die Ware, die Sie mir vor ein paar Tagen verkauft haben, ist bereits defekt und dafür habe ich so viel Geld bezahlt. Ich möchte sofort mit Ihrem Vorgesetzten sprechen und mein Geld zurück."

Bitte präsentieren Sie Ihre Lösungen/Begründungen zu den folgenden Aufgabenstellungen.

Aufgabenstellung:

a) Wie reagieren Sie auf die Beschwerde des Kunden kundenfreundlich?

b) Um welche Art von Mangel handelt es sich? Nennen Sie weitere Arten von Mängeln, die beim Verkauf von Waren auftreten können!

c) Wie stellen Sie fest, dass eine berechtigte Reklamation vorliegt?

d) Welche Rechte kann der Kunde bei einer berechtigten Reklamation in Anspruch nehmen?

e) Machen Sie Vorschläge, wie Sie diese Reklamation kundenfreundlich und im Interesse Ihres Ausbildungsbetriebes abwickeln!

Ihre Notizen

Ausgangssituation 7:

Die Kunden Ihres Ausbildungsbetriebes unterscheiden sich hinsichtlich ihrer Persönlichkeit, ihrer Interessen, ihrer Einstellungen und Wertvorstellungen. Das bedeutet, als Verkaufsmitarbeiter/-in müssen Sie sich auf die individuellen Bedürfnisse und Erwartungen der Kunden einstellen können.

Bitte präsentieren Sie Ihre Lösungen/Begründungen zu den folgenden Aufgabenstellungen.

Aufgabenstellung:

a) Beschreiben Sie, wie sich die unterschiedlichen Kundentypen in ihrem Einkaufsverhalten unterscheiden!

b) Als guter Verkaufsmitarbeiter versuchen Sie immer zusätzliche Umsatzchancen zu nutzen, daher kommt dem Zusatzverkauf eine besondere Bedeutung zu. Welche Voraussetzungen müssen Sie erfüllen, um Zusatzverkäufe durchführen zu können?

c) Wie reagieren Sie auf Kundenwünsche, die Sie nicht erfüllen können, da Sie den gewünschten Artikel nicht führen bzw. zurzeit nicht vorrätig haben?

d) Wie verhalten Sie sich, wenn Sie einen Kunden des Diebstahls verdächtigen?

e) Zur Verringerung der Inventurdifferenzen sind Präventivmaßnahmen zur Vermeidung von Ladendiebstahl unverzichtbar. Welche Maßnahmen können Sie zur Vermeidung von Ladendiebstählen ergreifen?

Ihre Notizen

Ausgangssituation 8:

Eine Kundin, die am Vortag einen Artikel gekauft hat, bittet Sie um den Umtausch der Ware, mit der Begründung, ihrem Mann gefiele die auffällige Farbe nicht. (Wählen Sie einen Artikel Ihres Warenbereichs!)

Bitte präsentieren Sie Ihre Lösungen/Begründungen zu den folgenden Aufgabenstellungen.

Aufgabenstellung:

a) Wie reagieren Sie auf den Umtauschwunsch der Kundin? Welche Kontrollen müssen Sie vor dem Umtausch einer Ware vornehmen?

b) Nennen Sie typische Umtauschgründe aus Ihrem Warenbereich!

c) Hat die Kundin einen rechtlichen Anspruch auf den Umtausch der Ware? Erläutern Sie den Unterschied zwischen Umtausch und Reklamation!

d) Was ist bei der Rücknahme der Ware, bezogen auf das Warenwirtschaftssystem, zu berücksichtigen?

e) Was bezeichnet der Begriff Garantie?

Ihre Notizen

Ausgangssituation 9:

Zum Kassenbereich Ihres Ausbildungsbetriebes gehören fünf herkömmliche Kassenplätze und zwei Selbstkassierkassen.

Sie sind im Kassenbereich eingesetzt. Zu Ihren Aufgaben gehört die Abwicklung der Kassiervorgänge einschließlich der Kassenabrechnung.

Bitte präsentieren Sie Ihre Lösungen/Begründungen zu den folgenden Aufgabenstellungen.

Aufgabenstellung:

a) Nennen Sie Aspekte, die zu einem freundlichen und kundenorientierten Verhalten während des Kassiervorgangs gehören!

b) Welche Vorteile haben Ihre Kunden durch den Einsatz elektronischer Datenkassen?

c) Ihre Kunden erwarten individuelle Zahlungsmöglichkeiten. Nennen Sie bargeldlose Zahlungsmöglichkeiten, die Sie Ihren Kunden anbieten, und beschreiben Sie sie kurz!

d) Was bedeutet Selfscanning? Nennen Sie jeweils einen Vorteil, den das Selfscanning für Ihre Kunden und für Ihr Unternehmen bietet!

e) Der Zahlungsvorgang bei der Zahlung mit girocard – dem sogenannten POS-Sytem – erfolgt nach einem standardisierten Schema. Bitte beschreiben Sie den Zahlungsvorgang in der richtigen zeitlichen Abfolge!

Ihre Notizen

Ausgangssituation 10:

Während des Kassiervorgangs müssen Sie verschiedene Sonderfälle bearbeiten.

Bitte präsentieren Sie Ihre Lösungen/Begründungen zu den folgenden Aufgabenstellungen.

Aufgabenstellung:

a) Ein Kunde bittet Sie um die Ausstellung einer Quittung. Welche Bestandteile muss eine Quittung als beweiskräftige Urkunde enthalten?

b) Ein Kunde reklamiert das Wechselgeld. Er ist der Meinung, mit einem 50-Euro-Schein gezahlt zu haben, während Sie sicher sind, einen 20-Euro-Schein erhalten zu haben. Wie verhalten Sie sich gegenüber dem Kunden?

c) Wie führen Sie eine Kassenbestandsaufnahme durch und wie ermitteln Sie eine eventuell vorliegende Kassendifferenz?

d) Aufgrund der Wechselgeldreklamation hat sich eine Warteschlange an der Kasse gebildet. Wie reagieren Sie?

e) Sie sind laut einer Arbeitsanweisung Ihres Unternehmens verpflichtet, Geldscheine bei der Annahme auf ihre Echtheit zu prüfen. Nennen Sie wesentliche Sicherheitsmerkmale der Euro-Banknoten!

Ihre Notizen

Ihre Notizen

2

Wahlqualifikation:

Beschaffungsorientierte Warenwirtschaft

(§ 3 Absatz 3 Nummer 2)

Ihre Notizen

1.1 Warendisposition

a) Bedarfsermittlungen unter Nutzung von Kennziffern aus der Warenwirtschaft durchführen

b) Liefermodalitäten bei Bestellungen berücksichtigen

c) bei Bestellverfahren mitwirken

1.2 Sortimentsgestaltung (Sortimentspolitik)

a) Maßnahmen zur Sicherstellung der Vollständigkeit der Waren im Warenbereich unter Berücksichtigung von Aufbau und Struktur des Warenbereichs ergreifen

b) sortimentsbestimmende Faktoren, insbesondere Qualität, Trends, Zielgruppen, Standort und Wettbewerbssituationen, erläutern

c) Vorschläge zur Gestaltung des Warenbereichs entwickeln

d) Herausnahme und Neuaufnahme von Waren begründen

1.3 Zahlungsbedingungen

a) Zahlungsmodalitäten unterscheiden

b) Einhaltung von Bedingungen aus abgeschlossenen Beschaffungsverträgen überwachen

Ablauf des Fallbezogenen Fachgesprächs:

- Der Prüfungsausschuss legt Ihnen zwei Aufgaben vor, aus denen Sie eine auswählen.
- Anhand der ausgewählten Aufgabe wird das Prüfungsgespräch geführt.
- Sie haben ca. 15 Minuten Zeit, sich auf das Gespräch vorzubereiten. Machen Sie sich Notizen!
- Das Prüfungsgespräch dauert maximal 20 Minuten.
- Der Prüfungsausschuss bewertet anschließend Ihre Leistung und teilt Ihnen das Prüfungsergebnis mit.

Ausgangssituation 1:

Um den Erwartungen Ihrer Kunden zu entsprechen und sich am Markt zu behaupten, müssen Sie ein attraktives und zielgruppenorientiertes Sortiment zusammenstellen.

Bitte präsentieren Sie Ihre Lösungen/Begründungen zu den folgenden Aufgabenstellungen.

Aufgabenstellung:

a) Was verstehen Sie unter dem Begriff Sortimentspolitik und von welchen Faktoren wird sie beeinflusst?

b) Welche Informationen benötigen Sie für die Sortimentsgestaltung im Hinblick auf die Kundenstruktur im Einzugsgebiet Ihres Ausbildungsbetriebs?

c) Erläutern Sie den Aufbau eines Sortiments am Beispiel Ihres Ausbildungsbetriebs!

d) Erklären Sie die Begriffe Sortimentsbreite und Sortimentstiefe anhand von Beispielen Ihres Warenbereichs!

e) Die Sortimentszusammensetzung wird auch von der Bedienungsform beeinflusst. Beschreiben Sie die wesentlichen Bedienungsformen, die Sie im Einzelhandel vorfinden!

Ihre Notizen

Ausgangssituation 2:

Veränderungen der Mitbewerbersituation und ein sich ständig wandelndes Kaufverhalten Ihrer Kunden machen es notwendig, dass Sie die Zusammensetzung Ihres Sortiments laufend überprüfen und gegebenenfalls anpassen.

Bitte präsentieren Sie Ihre Lösungen/Begründungen zu den folgenden Aufgabenstellungen.

Aufgabenstellung:

a) Nennen Sie Gründe, die Sortimentsänderungen notwendig machen!

b) Machen Sie Vorschläge bezüglich sinnvoller Sortimentsveränderungen in Ihrem Ausbildungsbetrieb!

c) Aufgrund der Auswertung Ihrer Warenwirtschaftsdaten führen Sie ein „Trading up“ Ihres Sortiments durch. Was verstehen Sie unter diesem Begriff?

d) Welche Vorteile bietet Ihnen die Ergänzung Ihres Sortiments durch Eigen- bzw. Handelsmarken?

e) Einen Artikel, den Sie neu ins Sortiment aufnehmen möchten, können Sie vom Lieferanten als Kommissionsware beziehen. Erläutern Sie, welche Vorteile diese Kaufvertragsart für Ihren Ausbildungsbetrieb hat!

Ihre Notizen

Ausgangssituation 3:

Das Ergebnis einer Kundenstrukturanalyse Ihres Ausbildungsbetriebs zeigt, dass im Einzugsgebiet viele Senioren leben, die Ihren Bedarf in Ihrem Ausbildungsbetrieb decken. Sie möchten Ihr Sortiment auf diese Zielgruppe abstimmen.

Bitte präsentieren Sie Ihre Lösungen/Begründungen zu den folgenden Aufgabenstellungen.

Aufgabenstellung:

a) Sie werten Ihre „Renner- und Pennerlisten" aus. Welche Informationen liefert Ihnen diese Liste?

b) Ein Vertreter bietet Ihnen einige seniorengerechte Produkte an. Welche Überlegungen müssen Sie vor der Aufnahme neuer Artikel ins Sortiment anstellen?

c) Ihr Ort wird von vielen Senioren als Ausflugsziel besucht. Daher wird in Ihrem Ausbildungsbetrieb ein Shop für heimische Souvenirs integriert. Um welche Art der Sortimentserweiterung handelt es sich hierbei?

d) Welche Folgen haben für Ihren Ausbildungsbetrieb ein Über- bzw. ein Untersortiment?

e) Wodurch zeichnet sich ein profitables Sortiment aus?

Ihre Notizen

Ausgangssituation 4:

Ihr Ausbildungsbetrieb muss sein Warensortiment und dessen Umfang den Kundenwünschen anpassen und ist daher bemüht, günstige Lieferquellen zu finden.

Bitte präsentieren Sie Ihre Lösungen/Begründungen zu den folgenden Aufgabenstellungen.

Aufgabenstellung:

a) Erläutern Sie, aus welchem Grund eine optimale Warenbeschaffung für Ihren Ausbildungsbetrieb wichtig ist?

b) Welche Überlegungen zählen zur Beschaffungsplanung?

c) Welche Informationen des Warenwirtschaftssystems legen Sie Ihrer Einkaufsplanung zugrunde?

d) Sie suchen nach weiteren Möglichkeiten einer kostengünstigeren Warenbeschaffung und möchten Angebote anderer Lieferanten einholen. Nennen Sie Informationsquellen für externe Bezugsmöglichkeiten!

e) Warum ist es für Ihren Ausbildungsbetrieb wichtig, günstige Bezugsquellen zu finden?

Ihre Notizen

Ausgangssituation 5:

Sie erweitern Ihr Sortiment um einige Artikel, die Sie in Ihrem Warenwirtschaftssystem erfassen und für die Sie alle wesentlichen Daten festlegen.

Bitte präsentieren Sie Ihre Lösungen/Begründungen zu den folgenden Aufgabenstellungen.

Aufgabenstellung:

a) Was verstehen Sie unter dem Begriff Mindestbestand?

b) Wie nennt man den Bestand, bei dessen Erreichen das Warenwirtschaftssystem (WWS) der Einkaufsabteilung signalisiert, dass Ware nachbestellt werden muss und wie berechnet man diesen?

c) Die Verkaufsmenge eines neu eingeführten Artikels beträgt pro Tag 10 Stück. Der Lieferant kann nach Eingang der Bestellung die Ware innerhalb von 8 Tagen liefern. Die Geschäftsleitung bittet generell um einen Sicherheitsbestand, der für 5 Tage ausreicht.

Welchen Meldebestand müssen Sie für diesen Artikel in das Warenwirtschaftssystem eingeben, damit der Artikel bei einer Nachbestellung rechtzeitig zur Verfügung steht?

d) Ihr Lieferant teilt Ihnen mit, dass sich aufgrund geänderter Betriebsabläufe die Lieferzeit künftig um zwei Tage verkürzt. Welche Auswirkungen hat diese Mitteilung auf Ihr Bestellwesen?

e) Unter welchen Voraussetzungen müssen Sie den Meldebestand eines Artikels erhöhen?

Ihre Notizen

Ausgangssituation 6:

Sie planen eine alljährlich wiederkehrende Sonderaktion. Sie analysieren die Absatz-, Umsatz- und Lagerwerte der Aktion des Vorjahres und stellen einen Ablaufplan der diesjährigen Sonderaktion auf.

Bitte präsentieren Sie Ihre Lösungen/Begründungen zu den folgenden Aufgabenstellungen.

Aufgabenstellung:

a) Von welchen Faktoren sind die Bestellmenge und der Bestellzeitpunkt der Ware für die Sonderaktion abhängig?

b) Sie benötigen für Ihre Aktion 50 Stück einer Ware (Wählen Sie einen Artikel Ihres Warenbereichs!). Die Lieferung muss, damit sie rechtzeitig zur Verfügung steht, spätestens in vier Wochen erfolgen. Sie erhalten aufgrund Ihrer Anfragen von vier Lieferanten Angebote. Welche Angebotsbestandteile überprüfen Sie im Einzelnen?

c) Sie sichten die vorliegenden Angebote. Welches der vier Angebote ist – unter den gegebenen Randbedingungen – das günstigste?

	Angebot 1	Angebot 2	Angebot 3	Angebot 4
Preis je Stück	3,00 €	3,20 €	2,90 €	3,10 €
Rabatt	5 % ab 25 Stück	10 % ab 50 Stück	------	--------
Zahlungsbedingung	8 Tage / 2 % Skonto	netto Kasse	netto Kasse	14 Tage / 3% Skonto
Lieferbedingung	ab Werk	frei Haus	Mindest-Bestellmenge 100 Stück	unfrei
Lieferzeit	5 Wochen ab Bestellung	2 Wochen ab Bestellung	sofort	sofort

d) Die vorliegenden Angebote haben Sie vor zwei Tagen per Post erhalten. Sie möchten das günstigste Angebot wahrnehmen und die entsprechende Ware bestellen.

Erläutern Sie, wie lange der Lieferant an sein Angebot gebunden ist. Wann erlischt die Bindung an das Angebot? Was bedeuten die sogenannten „Freizeichnungsklauseln"?

e) Welche Gründe können vorliegen, dass Sie sich trotzdem nicht für den Lieferanten mit dem günstigsten Preis entscheiden?

Ihre Notizen

Ausgangssituation 7:

Die Waren, die Sie auf der Titelseite Ihres nächsten Werbeprospektes bewerben möchten, werden von einem Spediteur angeliefert. Sie übernehmen die Wareneingangskontrolle.

Bitte präsentieren Sie Ihre Lösungen/Begründungen zu den folgenden Aufgabenstellungen.

Aufgabenstellung:

a) Welche Prüfungen sind lt. Handelsgesetzbuch (HGB) noch im Beisein des Spediteurs vorzunehmen?

b) Was müssen Sie tun, wenn es bei der Warenannahme zu Unstimmigkeiten kommt?

c) Im Anschluss an die Warenannahme müssen Sie die Warenlieferung prüfen. Wie gehen Sie dabei vor?

d) Welche Frist müssen Sie bei der Kontrolle der eingehenden Warenlieferung beachten, um gegebenenfalls Mängel rügen zu können?

e) Welche Folgen hat es, wenn Sie die Rügefristen nicht einhalten?

Ihre Notizen

Ausgangssituation 8:

Sie sind dafür verantwortlich, dass die Ware für eine bevorstehende Sonderaktion rechtzeitig, in ausreichender Menge und in einwandfreiem Zustand zur Verfügung steht.

Bitte präsentieren Sie Ihre Lösungen/Begründungen zu den folgenden Aufgabenstellungen.

Aufgabenstellung:

a) Sie stellen fest, dass ein großer Teil der gelieferten Artikel einer Warenlieferung deutliche Flecken aufweist und damit unverkäuflich ist. Wie verfahren Sie mit den fehlerhaften Artikeln entsprechend den gesetzlichen Bestimmungen?

b) Welche Schritte müssen Sie einleiten, damit die Rechte Ihres Ausbildungsbetriebs aus der mangelhaften Lieferung gewahrt bleiben?

c) Welches Recht werden Sie aufgrund der mangelhaften Lieferung geltend machen?

d) Welche weiteren Rechte stehen Ihnen beim zweiseitigen Handelskauf aus der mangelhaften Lieferung zu?

e) Worin liegen die Unterschiede zwischen dem Recht auf Schadenersatz statt Leistung und dem Recht auf Ersatz vergeblicher Leistungen?

Ihre Notizen

Ausgangssituation 9:

Sie schließen täglich Kaufverträge mit Ihren Kunden und Ihren Lieferanten ab und müssen dabei die rechtlichen Bedingungen berücksichtigen.

Bitte präsentieren Sie Ihre Lösungen/Begründungen zu den folgenden Aufgabenstellungen.

Aufgabenstellung:

a) Beschreiben Sie, wie ein Kaufvertrag zustande kommt!

b) Beschreiben Sie unterschiedliche Kaufvertragsarten, die Sie beim Wareneinkauf abschließen!

c) Beim Abschluss eines Kaufvertrages wird zwischen Verpflichtungs- und Erfüllungsgeschäft unterschieden. Beschreiben Sie am Beispiel eines Kaufvertrages Ihrer Wahl Handlungen, die zum Verpflichtungsgeschäft bzw. zum Erfüllungsgeschäft zählen!

d) Werden die Verpflichtungen aus dem Kaufvertrag nicht erfüllt, kommt es zu Kaufvertragsstörungen. Welche Kaufvertragsstörungen können vorliegen?

e) Im Kaufvertrag wurde keine Vereinbarung zu den Beförderungskosten festgelegt, es gilt damit die gesetzliche Regelung. Welchen Anteil müssen Sie an den anfallenden Beförderungskosten tragen?

Ihre Notizen

Ausgangssituation 10:

Sie überwachen den Wareneingang und sind auch für die Klärung eventueller Kaufvertragsstörungen zuständig.

Bitte präsentieren Sie Ihre Lösungen/Begründungen zu den folgenden Aufgabenstellungen.

Aufgabenstellung:

a) Zur bevorstehenden Sonderaktion haben Sie Ware bestellt. Damit diese Artikel auch rechtzeitig zur Verfügung stehen, haben Sie mit dem Lieferanten folgende Vereinbarung getroffen: „Liefertermin 16.03.2017 (fix)". Welche Rechte können Sie in Anspruch nehmen, wenn der Liefertermin nicht eingehalten wird?

b) Wodurch unterscheiden sich ein konkreter von einem abstrakten Schaden?

c) Aus welchem Grund überprüfen Sie regelmäßig den pünktlichen Zahlungseingang der offenen Forderungen (Debitoren)?

d) Worin liegen mögliche Ursachen für einen Zahlungsverzug (Nicht-Rechtzeitig-Zahlung) Ihrer Kunden?

e) Welche Rechte können Sie aus dem Zahlungsverzug geltend machen?

Ihre Notizen

Ihre Notizen

3

Wahlqualifikation: Warenwirtschaftliche Analyse

(§ 3 Absatz 3 Nummer 3)

Ihre Notizen

3.1 Umsatzentwicklung

a) an der Erarbeitung von Umsatzstatistiken mitwirken, Umsatzkennziffern analysieren

b) aus Umsatzstatistiken Maßnahmen zur Umsatzerhöhung ableiten und Umsetzungsvorschläge entwickeln

c) an Maßnahmen zur Ertragsverbesserung mitwirken

3.2 Leistungskennziffern der Warenbewegung

a) Bedeutung von Leistungskennziffern für Warenbewegung und Geschäftserfolg erläutern

b) bei der Ermittlung von Leistungskennziffern mitarbeiten

c) Schlussfolgerungen zur Verbesserung der Leistungskennziffern ableiten, bei der Umsetzung mitwirken

d) Auswirkungen der Veränderung von Leistungskennziffern auf Umsatzverläufe begründen

3.3 Bestandsführung

a) Steuerungsvorgänge bei der Warenbestellung berücksichtigen, Bestellvorschläge aus dem Warenwirtschaftssystem prüfen

b) bei der Erstellung, Führung und Auswertung der Lagerstatistik mitwirken

c) Ursachen für Inventurdifferenzen feststellen, Vorschläge für Inventursicherungsmaßnahmen entwicklen, bei der Umsetzung mitwirken

Ablauf des Fallbezogenen Fachgesprächs:

- Der Prüfungsausschuss legt Ihnen zwei Aufgaben vor, aus denen Sie eine auswählen.
- Anhand der ausgewählten Aufgabe wird das Prüfungsgespräch geführt.
- Sie haben ca. 15 Minuten Zeit, sich auf das Gespräch vorzubereiten. Machen Sie sich Notizen!
- Das Prüfungsgespräch dauert maximal 20 Minuten.
- Der Prüfungsausschuss bewertet anschließend Ihre Leistung und teilt Ihnen das Prüfungsergebnis mit.

Ausgangssituation 1:

Damit Ihnen das computergestützte Warenwirtschaftssystem aktuelle Daten liefern kann, ist eine exakte Datenerfassung von großer Bedeutung.

Bitte präsentieren Sie Ihre Lösungen/Begründungen zu den folgenden Aufgabenstellungen.

Aufgabenstellung:

a) Voraussetzung für eine exakte Fortschreibung der Warenbestände ist die Erfassung aller Warenbewegungen. Welche Vorgänge zählen zu den erfassungsbedürftigen Warenbewegungen?

b) Welche Folgen hat es, wenn die Erfassung eines Wareneingangs versäumt wird?

c) Sie geben bei der Erfassung eines Wareneingangs versehentlich statt der gelieferten 120 Stück 210 Stück in das Warenwirtschaftssystem ein. Welche Auswirkungen kann dieser Registrierungsfehler nach sich ziehen?

d) Ermöglicht die artikelgenaue Datenerfassung der Warenbewegungen Aussagen zu der Güte und dem Zustand Ihres Warenbestandes?

e) Welche Vorgänge führen dazu, dass der Ist-Warenbestand niedriger ist als der vom Warenwirtschaftssystem errechnete Soll-Warenbestand?

Ihre Notizen

Ausgangssituation 2:

Nach Ablauf der Jahresinventur in Ihrem Ausbildungsbetrieb ermitteln Sie die Inventurdifferenz und bewerten die Ergebnisse.

Bitte präsentieren Sie Ihre Lösungen/Begründungen zu den folgenden Aufgabenstellungen.

Aufgabenstellung:

a) Wie ermitteln Sie eine Inventurdifferenz und zu welchen Preisen werden die Inventurwerte bewertet?

b) Worin liegen wesentliche Ursachen für Inventurdifferenzen in Ihrem Ausbildungsbetrieb?

c) Die Ergebnisse der Inventur bilden die Grundlage des Inventars. Erläutern Sie den Aufbau des Inventars!

d) Wie wird das Eigenkapital (Reinvermögen) im Inventar ermittelt?

e) Wie lange sind Sie lt. Handelsgesetzbuch verpflichtet, das Inventar aufzubewahren?

Ihre Notizen

Warenwirtschaftliche Analyse

Ausgangssituation 3:

Sie stellen nach Ablauf der Inventur eine Bilanz auf. Mithilfe der Bilanz beurteilen Sie Ihre betriebliche Tätigkeit sowie Ihre Stellung gegenüber den Mitbewerbern und innerhalb der Branche.

Bitte präsentieren Sie Ihre Lösungen/Begründungen zu den folgenden Aufgabenstellungen.

Aufgabenstellung:

a) Aus welchen Bilanzpositionen setzt sich die Bilanz zusammen? Stellen Sie eine Gleichung zur Bilanz auf!

b) Erläutern Sie, welche Bilanzpositionen zum Anlage- bzw. zum Umlaufvermögen zählen!

c) Was weist der Vermögensaufbau der Bilanz aus?

d) Aus welchen Bilanzpositionen setzt sich das Kapital des Unternehmens zusammen und wie wird das Eigenkapital ermittelt?

e) Jeder Betrieb sollte über eine ausreichende Liquidität verfügen.
- Welche Werte der Bilanz bilden die Grundlage für die Berechnung der Liquidität?
- Wie lautet die Formel zur Berechnung der Liquidität?

Ihre Notizen

Ausgangssituation 4:

Die folgenden Werte der Gewinn- und Verlustrechnung stellen die Grundlage Ihrer Wirtschaftlichkeitsberechnungen für die Kalkulation Ihres Ausbildungsbetriebs dar.

Soll	G+V		Haben
Aufwendungen für Waren	1.200.000,00 €	Umsatzerlöse (netto)	2.200.000,00 €
Aufwendungen für Material und bezogene Leistungen	8.000,00 €		
Löhne und Gehälter	200.000,00 €		
Miete	55.000,00 €		
Werbung, Dekoration	110.000,00 €		
Versicherungsbeiträge	9.000,00 €		
Eigenkapital	618.000,00 €		
	2.200.000,00 €		2.200.000,00 €

Bitte präsentieren Sie Ihre Lösungen/Begründungen zu den folgenden Aufgabenstellungen.

Aufgabenstellung:

a) Die Gewinn- und Verlustrechnung ist die Gegenüberstellung aller Aufwendungen und Erträge. Erläutern Sie die Begriffe Aufwand und Ertrag!

b) Welche Aufgabe hat die Gewinn- und Verlustrechnung?

c) Wie setzen sich die Handlungskosten zusammen?

d) Wie hoch ist der Rohgewinn laut der abgebildeten Gewinn- und Verlustrechnung. Was sagt der Wert aus?

e) Wie können Sie mithilfe der Gewinn- und Verlustrechnung die Wirtschaftlichkeit Ihres Ausbildungsbetriebs berechnen?

Ihre Notizen

Ausgangssituation 5:

Ihnen steht für die Warenbeschaffung nur ein begrenztes Budget zur Verfügung, das Sie sinnvoll einsetzen wollen.

Bitte präsentieren Sie Ihre Lösungen/Begründungen zu den folgenden Aufgabenstellungen.

Aufgabenstellung:

a) Was verstehen Sie unter dem Begriff Einkaufslimit?

b) Wie berechnen Sie die Höhe des zur Verfügung stehende Kapitals/Einkaufslimits?

c) Welchen Wert bezeichnet der Wareneinsatz?

d) Sie werden angewiesen, bei der Ermittlung Ihres Einkaufslimits eine Limitreserve von 25 % einzurechnen. Diese Reserve darf ausschließlich mit der Genehmigung durch die Geschäftsleitung angegriffen werden. Aus welchen Gründen weist die Geschäftsleitung die Einrechnung einer Limitreserve an?

e) Was macht eine Anpassung Ihres errechneten Limits notwendig?

Ihre Notizen

Ausgangssituation 6:

Das von Ihrem Unternehmen eingesetzte computergestützte Warenwirtschaftssystem beinhaltet die Möglichkeit einer Lagerplatzverwaltung und eines Bestellvorschlagssystems.

Bitte präsentieren Sie Ihre Lösungen/Begründungen zu den folgenden Aufgabenstellungen.

Aufgabenstellung:

a) Beschreiben Sie verschiedene Formen der Lagerplatzanordnung!

b) Bei der Festlegung der Lagerplätze müssen Sie artikelbezogene Einlagerungsgesichtspunkte berücksichtigen. Nennen Sie Gesichtspunkte, nach denen Sie die Ware ihren Lagerplätzen zuordnen!

c) Erläutern Sie, welche Aufgabe das Warenwirtschaftssystem beim Wareneingang erfüllt!

d) Jeder Wareneingang muss im computergestützten Warenwirtschaftssystem exakt erfasst werden. Welche Folgen hat eine fehlerhafte Datenerfassung auf das Warenwirtschaftssystem?

e) In das Warenwirtschaftssystem ist ein automatisches Bestellvorschlagsverfahren eingearbeitet. Welche Vorteile bringt ein solches Verfahren Ihrem Ausbildungsbetrieb? Nach welchen Verfahren arbeiten diese Systeme?

Ihre Notizen

Warenwirtschaftliche Analyse

Ausgangssituation 7:

Das Warenwirtschaftssystem weist für das 1. Halbjahr folgende Umsatzwerte aus:

Umsatzstatistik 1. Halbjahr							
Warengruppe	**Januar**	**Februar**	**März**	**April**	**Mai**	**Juni**	**Gesamt**
Berichtsjahr	14.000	14.000	11.000	11.000	10.000	10.000	70.000
Vorjahr	13.500	13.500	12.000	12.000	12.500	12.500	76.000

Bitte präsentieren Sie Ihre Lösungen/Begründungen zu den folgenden Aufgabenstellungen.

Aufgabenstellung:

a) Beschreiben Sie die Entwicklung des Umsatzes für das 1. Halbjahr aufgrund der vorliegenden Daten!

b) Aus welchem Grund ist die Beurteilung der Umsatzentwicklung im Vergleich zum Vorjahr für Ihren Ausbildungsbetrieb von Bedeutung?

c) Erläutern Sie mögliche innerbetriebliche Gründe für diese Umsatzentwicklung!

d) Welche außerbetrieblichen Faktoren haben Einfluss auf diese Umsatzzahlen?

e) Machen Sie Vorschläge, durch welche Maßnahmen Sie den Umsatz steigern können!

Ihre Notizen

Ausgangssituation 8:

Auf der Grundlage Ihrer Warenwirtschaftsdaten führen Sie regelmäßig Wirtschaftlichkeits- und Rentabilitätsberechnungen durch.

Bitte präsentieren Sie Ihre Lösungen/Begründungen zu den folgenden Aufgabenstellungen.

Aufgabenstellung:

a) Wann arbeitet Ihr Ausbildungsbetrieb wirtschaftlich?

b) Erläutern Sie den Begriff Rentabilität!

c) Unterscheiden Sie die Umsatz-, Unternehmens- und die Unternehmungsrentabilität!

d) Wie berechnen Sie die Flächenproduktivität und durch welche Faktoren wird sie beeinflusst?

e) Was verstehen Sie unter Pro-Kopf-Leistung? Welche Daten benötigen Sie zu deren Ermittlung?

Ihre Notizen

Warenwirtschaftliche Analyse

Ausgangssituation 9:

Ihr Ausbildungsbetrieb ist Teil der Volkswirtschaft. Die wirtschaftlichen Zusammenhänge in der Volkswirtschaft werden durch das Modell des einfachen Wirtschaftskreislaufs verdeutlicht.

Bitte präsentieren Sie Ihre Lösungen/Begründungen zu den folgenden Aufgabenstellungen.

Aufgabenstellung:

a) Beschreiben Sie den Aufbau des einfachen Wirtschaftskreislaufs!

b) Erläutern Sie die Produktionsfaktoren Arbeit, Boden und Kapital!

c) Sie berücksichtigen bei Ihrer täglichen Arbeit das ökonomische Prinzip. Erläutern Sie diesen Begriff!

d) Beschreiben Sie das Minimal- und das Maximalprinzip und finden Sie jeweils ein Beispiel!

e) Ihr Ausbildungsbetrieb arbeitet nach dem erwerbwirtschaftlichen Prinzip. Was bedeutet das?

Ihre Notizen

Ausgangssituation 10:

Die Entwicklung Ihrer Umsätze wird von der Konjunktur beeinflusst.

Bitte präsentieren Sie Ihre Lösungen/Begründungen zu den folgenden Aufgabenstellungen.

Aufgabenstellung:

a) Bitte erläutern Sie den Begriff Konjunktur!

b) Nennen Sie die Phasen des Konjunkturverlaufs!

c) Durch welche Merkmale lassen sich die Konjunkturphasen beschreiben?

d) Durch welche Merkmale ist die Konjunkturphase der Rezession gekennzeichnet?

e) Wie wirken sich die einzelnen Konjunkturzyklen auf die Entwicklung der Preise aus?

Ihre Notizen

Ihre Notizen

4 Wahlqualifikation: Kaufmännische Steuerung und Kontrolle

(§ 3 Absatz 3 Nummer 4)

Ihre Notizen

4.1 Kosten- und Leistungsrechnung

a) Aufgaben der Kosten- und Leistungsrechnung im Betrieb als Informations- und Kontrollsystem erklären

b) betriebliche Festlegungen für die Kosten- und Leistungsrechnung erläutern

c) betriebswirtschaftliche Schlussfolgerungen aus der Kosten- und Leistungsrechnung ableiten

4.2 Steuerung mittels Kennziffern

a) betriebliche Leistungskennziffern ermittlen und bewerten, Schlussfolgerungen ableiten

b) an der Erstellung und Auswertung von betrieblichen Statistiken mitwirken

c) Maßnahmen der Steuerung einleiten, bei Durchführung der Maßnahmen mitwirken

4.3 Preisgestaltung

a) Preisfestlegungen vorschlagen

b) Vor- und Nachkalkulationen durchführen

4.4 Betriebliche Erfolgsrechnung

a) Arten der betrieblichen Erfolgsrechnung unterscheiden

b) Rohertrag und betriebliche Erfolgsrechnung vergleichen, bewerten und Verbesserungsmöglichkeiten vorschlagen

c) an betrieblichen Erfolgsrechnungen mitarbeiten

Ablauf des Fallbezogenen Fachgesprächs:

- Der Prüfungsausschuss legt Ihnen zwei Aufgaben vor, aus denen Sie eine auswählen.
- Anhand der ausgewählten Aufgabe wird das Prüfungsgespräch geführt.
- Sie haben ca. 15 Minuten Zeit, sich auf das Gespräch vorzubereiten. Machen Sie sich Notizen!
- Das Prüfungsgespräch dauert maximal 20 Minuten.
- Der Prüfungsausschuss bewertet anschließend Ihre Leistung und teilt Ihnen das Prüfungsergebnis mit.

Ausgangssituation 1:

Bitte präsentieren Sie Ihre Lösungen/Begründungen zu den folgenden Aufgabenstellungen.

Aufgabenstellung:

a) Aus welchen Teilbereichen setzt sich das Rechnungswesen zusammen?

b) Welche Bedeutung hat die Finanzbuchhaltung für Ihren Ausbildungsbetrieb?

c) Nennen Sie gesetzliche Vorschriften der Buchführungspflicht!

d) Welche Grundsätze berücksichtigt eine ordnungsgemäße Buchführung?

e) Wie ist ein Buchungssatz aufgebaut?

Ihre Notizen

Ausgangssituation 2:

Der Gesetzgeber schreibt dem Einzelhändler vor, dass er zu Beginn seines Handelsgewerbes und für den Schluss eines jeden Geschäftsjahres eine Bilanz aufstellen muss. Sie sind daher gesetzlich verpflichtet, eine Inventur durchzuführen.

Bitte präsentieren Sie Ihre Lösungen/Begründungen zu den folgenden Aufgabenstellungen.

Aufgabenstellung:

a) Welche Bedeutung hat die Durchführung der Jahresinventur?

b) Schildern Sie, welches Inventurverfahren in Ihrem Ausbildungsbetrieb angewandt wird!

c) Welche weiteren Inventurverfahren kennen Sie?

d) Wodurch erleichtert Ihnen das Warenwirtschaftssystem die Durchführung der Inventur?

e) Welche Waren bzw. Warenbestände dürfen während der Inventuraufnahme nicht als Ist-Warenbestand aufgenommen werden?

Ihre Notizen

Ausgangssituation 3:

Sie arbeiten in Ihrem Unternehmen mit einem computergestützten Warenwirtschaftssystem und nutzen moderne Datenkassen.

Bitte präsentieren Sie Ihre Lösungen/Begründungen zu den folgenden Aufgabenstellungen.

Aufgabenstellung:

a) Erläutern Sie die Arbeitsweise eines computergestützten Warenwirtschaftssystems.

b) Nennen Sie Aufgaben und Ziele, die Sie mit dem Einsatz eines Warenwirtschaftssystems verfolgen!

c) Welche Vorteile bietet einem Einzelhandelsbetrieb das Nutzen eines solchen Systems? Finden Sie Beispiele aus Ihrem Ausbildungsbetrieb!

d) Welche betrieblichen Kontrollen ermöglichen Ihnen die Auswertung der Daten des computergestützten Warenwirtschaftssystems?

e) In Verbindung mit Ihren Datenkassen können Sie die Hauptverkaufszeiten in Ihrem Ausbildungsbetrieb ermitteln. Welche Auswirkung haben diese Informationen auf den Bereich des Personalwesens?

Ihre Notizen

Ausgangssituation 4:

Die Unternehmensleitung weist Sie darauf hin, dass die Lagerkosten deutlich zu hoch sind. Sie werden gebeten, Ihre Lagerkosten zu senken.

Bitte präsentieren Sie Ihre Lösungen/Begründungen zu den folgenden Aufgabenstellungen.

Aufgabenstellung:

a) Welche Kosten verursacht der Lagerbestand?

b) Worin ist das Lagerrisiko für Ihren Lagerbestand begründet? Finden Sie Beispiele aus Ihrem Warenbereich. Welche Risiken bergen ein zu hoher bzw. ein zu kleiner Lagerbestand?

c) Schlagen Sie Maßnahmen vor, die eine Senkung der Lagerkosten bewirken!

d) Mit welchen Lagerkennziffern können Sie Ihre Lagerhaltung überprüfen?

e) Nach welchen Gesichtspunkten ordnen Sie Ihr Lager?

Ihre Notizen

Ausgangssituation 5:

Um die Wirtschaftlichkeit Ihrer Lagerhaltung beurteilen zu können, berechnen Sie verschiedene Lagerkennziffern.

Bitte präsentieren Sie Ihre Lösungen/Begründungen zu den folgenden Aufgabenstellungen.

Aufgabenstellung:

a) Was verstehen Sie unter einem optimalen Lagerbestand? Wie berechnen Sie ihn?

b) Welchen Einfluss haben der Wareneinsatz und der durchschnittliche Lagerbestand auf den Lagerumschlag?

c) Welche Lagerdauer entspricht einem Lagerumschlag von 6?

d) Um zu berechnen, welche Kosten Ihr Lagerbestand verursacht, ermitteln Sie die kalkulatorischen Lagerzinsen.
   - Definieren Sie diesen Begriff!
   - Wie viel Prozent beträgt Ihr Lagerzinssatz bei einem Jahreszinssatz von 8 % und einer durchschnittlichen Lagerdauer von 3 Monaten (90 Tage)?

e) Mit dem Einsatz des computergestützten Warenwirtschaftssystems haben Sie eine Verringerung der Lagerbestände angestrebt. Was bewirkt – bei gleichbleibendem Umsatz – die Verringerung des Lagerbestands?

Ihre Notizen

Ausgangssituation 6:

Zur Verringerung Ihrer Lagerkosten ist es notwendig, dass Sie Ihre Ware möglichst preiswert einkaufen. Es ist Ihre Aufgabe geeignete Lieferanten zu finden und günstige Einkaufskonditionen auszuhandeln.

Bitte präsentieren Sie Ihre Lösungen/Begründungen zu den folgenden Aufgabenstellungen.

Aufgabenstellung:

a) Welche Aufgabe hat der Angebotsvergleich?

b) Welche Positionen eines Angebotes müssen Sie bei der Berechnung des Bezugspreises berücksichtigen?

c) Worin liegt der Unterschied zwischen Skonto, Rabatt und Boni? Nennen Sie verschiedene Rabattarten!

d) Welche Arten von Bezugskosten können beim Bezug der Ware anfallen und wie werden sie richtig verteilt?

e) Die Lieferanten berechnen Mehrwertsteuer. Wie hoch sind zurzeit die Mehrwertsteuersätze und für welche Warengruppen gelten sie?

Ihre Notizen

Ausgangssituation 7:

Ausgehend vom ermittelten Bezugspreis errechnen Sie den Bruttoverkaufspreis.

Bitte präsentieren Sie Ihre Lösungen/Begründungen zu den folgenden Aufgabenstellungen.

Aufgabenstellung:

a) Erläutern Sie – ausgehend vom Bezugspreis – die wichtigsten Positionen der Kalkulation des Bruttoverkaufspreises!

b) Welche Kosten beinhalten die Handlungskosten? Wie wird der Handlungskostenzuschlagssatz berechnet?

c) Aus welchen Bestandteilen setzt sich der Gewinn zusammen?

d) Wozu dient die Rückwärtskalkulation?

e) Wann nutzen Sie die Differenzkalkulation?

Ihre Notizen

Ausgangssituation 8:

Zur Vereinfachung Ihrer Kalkulation ermitteln Sie auf der Grundlage Ihrer Gewinn-und-Verlust-Rechnung Gesamtprozentsätze.

Bitte präsentieren Sie Ihre Lösungen/Begründungen zu den folgenden Aufgabenstellungen.

Aufgabenstellung:

a) Sie bestellen für einen Kunden einen Artikel. Mithilfe welcher Rechenverfahren können Sie – ausgehend vom Bezugspreis – schnell und einfach den Bruttoverkaufspreis ermitteln?

b) Um bei einem vorgegebenen Bruttoverkaufspreis festzustellen, welchen maximalen Einkaufspreis Sie für eine Ware zahlen können, ermitteln Sie Ihren Kalkulationsabschlag. Wie wird der Kalkulationsabschlag berechnet?

c) Wie berechnen Sie die Handelsspanne?

d) Was verstehen Sie unter dem Begriff Mischkalkulation?

e) Wozu dient die Nachkalkulation?

Ihre Notizen

Ausgangssituation 9:

In der bevorstehenden Teambesprechung möchten Sie Ihre Mitarbeiter über die Preisentwicklung der letzten Monate informieren.

Bitte präsentieren Sie Ihre Lösungen/Begründungen zu den folgenden Aufgabenstellungen.

Aufgabenstellung:

a) Welche Aufgabe übernimmt die Statistik?

b) Welche Art der grafischen Darstellung eignet sich Ihrer Ansicht nach für die Aufbereitung Ihrer Daten?

c) Welche Vorteile bietet Ihnen die grafische Darstellung?

d) Die Angabe der Preise unterliegt den Vorschriften der Preisangabenverordnung (PAngV). Nennen Sie wesentliche Bestimmungen der Preisangabenverordnung!

e) Ein Kunde interessiert sich für einen Artikel, der anstatt mit dem regulären Preis von 89,90 € versehentlich mit nur 79,90 € ausgezeichnet wurde. Der Kunde möchte die Ware kaufen und besteht darauf, nur den niedrigen Preis zu bezahlen. Sind Sie gesetzlich verpflichtet, dem Kunden den Artikel zu diesem Preis zu verkaufen?

Ihre Notizen

Ausgangssituation 10:

Der Einzelhändler muss durch den Verkauf seiner Ware die anfallenden Kosten decken. Die Kosten- und Leistungsrechnung liefert das notwendige Zahlenmaterial für seine Kalkulation.

Bitte präsentieren Sie Ihre Lösungen/Begründungen zu den folgenden Aufgabenstellungen.

Aufgabenstellung:

a) Unterscheiden Sie fixe und variable Kosten und nennen Sie Beispiele!

b) Beschreiben Sie, welche Aufgabe die Kosten- und Leistungsrechnung erfüllt?

c) Wozu dient die Deckungsbeitragsrechnung?

d) Was verstehen Sie unter dem Break-even-point?

e) Wie wird das Betriebsergebnis berechnet?

Ihre Notizen

Ihre Notizen

5 Wahlqualifikation: Marketing

(§ 3 Absatz 3 Nummer 5)

Ihre Notizen

5.1 Verkaufsförderung

a) verkaufsstarke und verkaufsschwache Zonen feststellen

b) bei der Planung und Auswertung von verkaufsfördernden Maßnahmen mitwirken, verkaufsfördernde Maßnahmen durchführen

c) bei der Vorbereitung und Umsetzung von Umplatzierungen im Verkaufsraum mitwirken

5.2 Standortmarketing

a) Marktsituation am Standort unter wirtschaftlichen und regionalen Gesichtspunkten beurteilen

b) Standortmarketing für Bestandssicherung und Weiterentwicklung von Betrieben erklären, Vorschläge entwickeln

c) Marktauftritt von Mitbewerbern beobachten, Schlussfolgerungen ziehen, Maßnahmen zur Verbesserung des eigenen Marktauftritts vorschlagen

d) Wettbewerbsrechtliche Regelungen berücksichtigen

5.3 Zielgruppenmarketing

a) Vorschläge für den Einsatz von Marketinginstrumenten aus Ergebnissen der Marktforschung zum Kaufverhalten ableiten

b) Kauf- und Konsumverhalten von Zielgruppen hinsichtlich ihrer Auswirkungen auf den Ausbildungsbetrieb erläutern, Konsequenzen ableiten und Maßnahmen vorschlagen

c) Zielgruppenorientierte Produktinformationen für die Verkaufsförderung einsetzen

d) Marketinginstrumente von Mitbewerbern beobachten und Handlungsempfehlungen für den eigenen Betrieb ableiten

Ablauf des Fallbezogenen Fachgesprächs:

- Der Prüfungsausschuss legt Ihnen zwei Aufgaben vor, aus denen Sie eine auswählen.
- Anhand der ausgewählten Aufgabe wird das Prüfungsgespräch geführt.
- Sie haben ca. 15 Minuten Zeit, sich auf das Gespräch vorzubereiten. Machen Sie sich Notizen!
- Das Prüfungsgespräch dauert maximal 20 Minuten.
- Der Prüfungsausschuss bewertet anschließend Ihre Leistung und teilt Ihnen das Prüfungsergebnis mit.

Ausgangssituation 1:

Als Grundlage für ein Marketingkonzept benötigen Sie Informationen über den vorhandenen Markt und die gegebene Kundenstruktur.

Bitte präsentieren Sie Ihre Lösungen/Begründungen zu den folgenden Aufgabenstellungen.

Aufgabenstellung:

a) Definieren Sie die Begriffe Käufer- und Verkäufermarkt!

b) Was unterscheidet die Marktgrößen Marktpotenzial, Marktvolumen und Marktanteil?

c) Zur Beschaffung der notwendigen Informationen betreiben Sie Marktforschung. Was verstehen Sie darunter und welche Bereiche zählen zur Marktforschung?

d) Worin besteht der Unterschied zwischen Marktanalyse und Marktbeobachtung?

e) Um den Markt genauer beurteilen zu können führen Sie eine umfangreiche Konkurrenzbeobachtung durch. Nennen Sie Aspekte, auf die Sie dabei besonders achten!

Ihre Notizen

Ausgangssituation 2:

Zu Ihren Marketingzielen zählen der Ausbau Ihres Marktanteils und die Verbesserung des Unternehmensimages. Sie können verschiedene Maßnahmen ergreifen, um diese Marketingziele zu erreichen.

Bitte präsentieren Sie Ihre Lösungen/Begründungen zu den folgenden Aufgabenstellungen.

Aufgabenstellung:

a) Welche Marketinginstrumente stehen Ihnen hierfür zur Verfügung?

b) Wesentlicher Bestandteil Ihres Marketing-Konzeptes ist Ihre Sortimentspolitik. Welche Maßnahmen können Sie ergreifen, um Ihr Sortiment den Marktbedingungen anzupassen?

c) Im Rahmen Ihrer Kundendienstpolitik bieten Sie Ihren Kunden ein umfangreiches Serviceangebot. Welche waren-, zahlungs- und kundenbezogenen Serviceleistungen fördern Ihren Absatz?

d) Welche Aspekte bilden die Grundlage Ihrer betrieblichen Preispolitik (Kontrahierungspolitik)? Wann spricht man von einer markt- bzw. kostenorientierten Preisbildung?

e) Erläutern Sie den Begriff Marketing-Mix!

Ihre Notizen

Ausgangssituation 3:

Ein Marketingziel Ihres Ausbildungsbetriebes ist eine Verbesserung des Unternehmensimages.

Bitte präsentieren Sie Ihre Lösungen/Begründungen zu den folgenden Aufgabenstellungen.

Aufgabenstellung:

a) Erläutern Sie den Begriff Public Relations!

b) Welche Public Relation-Maßnahmen eignen sich für Ihren Ausbildungsbetrieb?

c) Was verstehen Sie unter Sponsoring und welche Formen kennen Sie?

d) Ein neuer Weg der Werbung ist das Event-Marketing. Beschreiben Sie diese Marketingmaßnahme und nennen Sie Beispiele!

e) Sie führen als zusätzlichen Kundenservice eine Kundenkarte ein, die dem Karteninhaber bei jedem Einkauf einen 3 %-igen Rabatt einräumt. Durch das Ausfüllen des Antragsformulars erhalten Sie wichtige Informationen über die Kunden und legen eine Kundendatei an. Beschreiben Sie anhand von Beispielen, wie Sie die erhobenen Kundendaten sinnvoll nutzen können!

Ihre Notizen

Ausgangssituation 4:

Die Auswertung Ihrer Warenwirtschaftsdaten zeigt, dass die Umsatzzahlen im Warenbereich (Wählen Sie einen Warenbereich!) seit einiger Zeit rückläufig sind. Sie möchten daher Ihre Werbung intensivieren.

Bitte präsentieren Sie Ihre Lösungen/Begründungen zu den folgenden Aufgabenstellungen.

Aufgabenstellung:

a) Welche Ziele verfolgen Sie mit Ihrer Werbung?

b) Was legen Sie in Ihrem Werbeplan im Einzelnen fest?

c) Welche Werbemittel und Werbeträger stehen dem Einzelhandel zur Verfügung? Welche Werbemittel setzt Ihr Ausbildungsbetrieb vorwiegend ein? Finden Sie dazu Begründungen!

d) Was verstehen Sie unter Streuverlust im Zusammenhang mit Ihrer Werbung?

e) Welche Werbegrundsätze müssen Sie bei Ihrer Werbung berücksichtigen?

Ihre Notizen

Marketing

Ausgangssituation 5:

Im Rahmen einer geplanten Hausmesse schreiben Sie Ihre Kunden an und legen diesem Werbebrief den aktuellen Prospekt und einen Coupon bei, der Ihren Kunden beim Einkauf in Ihrer Abteilung einen zusätzlichen Rabatt von 10 % einräumt. Zusätzlich ist der Coupon mit einem QR-Code versehen.

Bitte präsentieren Sie Ihre Lösungen/Begründungen zu den folgenden Aufgabenstellungen.

Aufgabenstellung:

a) Nennen Sie wesentliche Merkmale, die ein Werbebrief enthalten sollte!

b) Wodurch unterscheiden sich die Direktwerbung und die Massenwerbung?

c) Erläutern Sie den Begriff Couponing, nennen Sie verschiedene Formen und die Vorteile, die das Couponing Ihrem Ausbildungsbetrieb bietet!

d) Erklären Sie den Begriff Mobile Marketing!

e) Welche Möglichkeiten bietet Ihnen der QR-Code als Marketinginstrument?

Ihre Notizen

Ausgangssituation 6:

Sie planen die Durchführung einer Sonderaktion (Wählen Sie eine Aktion aus Ihrem Warenbereich)!

Bitte präsentieren Sie Ihre Lösungen/Begründungen zu den folgenden Aufgabenstellungen.

Aufgabenstellung:

a) Beschreiben Sie in Stichpunkten den Ablauf der Werbemaßnahme für diese Sonderaktion. Berücksichtigen Sie dabei insbesondere Ziel, Planung und Durchführung der Maßnahme!

b) Für die Aktion steht Ihnen nur ein bestimmter Werbeetat zur Verfügung, der möglichst sinnvoll eingesetzt werden soll. Wovon ist die Höhe des Werbeetats abhängig?

c) Um das Kaufinteresse der Kunden für neue Produkte und Dienstleistungen zu wecken, nutzen Sie das Angebot des Herstellers, Sie bei den verkaufsfördernden Maßnahmen zu unterstützen. Welche Vorteile bietet Ihnen eine solche Händlerpromotion?

d) Welche Möglichkeiten nutzen Sie, um den Erfolg Ihrer Werbemaßnahme zu überprüfen?

e) Bei der Gestaltung Ihrer Werbung müssen Sie die Vorschriften des Gesetzes gegen den unlauteren Wettbewerb (UWG) berücksichtigen! Nennen Sie wesentliche Vorschriften des UWG!

Ihre Notizen

Ausgangssituation 7:

Sie möchten eine Verkaufsatmosphäre schaffen, die den Kunden zum Kauf animiert. Das Instrument des Visual Merchandising soll dem Kunden die Ware im Verkaufsraum, im Schaufenster und in der Werbung so präsentieren, dass eine erlebnisorientierte Verkaufsatmosphäre entsteht.

Bitte präsentieren Sie Ihre Lösungen/Begründungen zu den folgenden Aufgabenstellungen.

Aufgabenstellung:

a) Die Art der Warenpräsentation kann unter verschiedenen Aspekten erfolgen. Erläutern Sie die Begriffe kundengerechte, warengerechte und verkaufsgerechte Präsentation!

b) Beschreiben Sie ein Beispiel für eine erlebnisorientierte Warenpräsentation (Visual Merchandising) aus Ihrem Warenbereich!

c) Sie gestalten Ihre Schaufensterfläche unter einem bestimmten Motto (z.B. „Urlaub und Reisen"). Wie bezeichnet man diese Art der Schaufenstergestaltung? Nennen Sie weitere Schaufensterarten!

d) Welches Ziel verfolgen Sie mit der Warenpräsentation im Schaufenster?

e) Welche Maßnahmen treffen Sie im Zusammenhang mit der Warenpräsentation, um Diebstähle zu verhindern?

Ihre Notizen

Ausgangssituation 8:

Das Ergebnis von Kundenlaufstudien zeigt, dass es innerhalb des Verkaufsraums unterschiedlich verkaufsstarke Zonen gibt.

Bitte präsentieren Sie Ihre Lösungen/Begründungen zu den folgenden Aufgabenstellungen.

Aufgabenstellung:

a) Bitte erläutern Sie, wo sich innerhalb des Verkaufsraumes verkaufsstarke und wo sich verkaufsschwache Zonen befinden.

b) Nennen Sie Möglichkeiten, wie Sie Einfluss auf die Kundenstromlenkung in Ihrem Ausbildungsbetrieb nehmen können!

c) Auch die Regalzonen innerhalb eines Warenträgers sind unterschiedlich verkaufsstark.

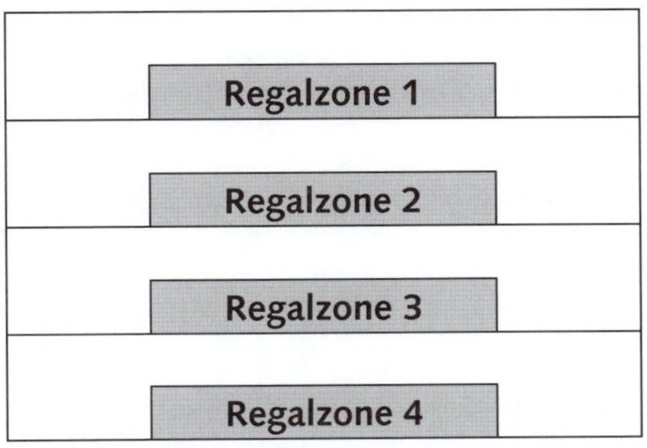

Nennen Sie die Fachbezeichnungen der vier Regalzonen! In welche Regalzone sortieren Sie die Ware mit der höchsten Gewinnspanne ein? Begründen Sie Ihre Entscheidung!

d) Sie haben einen Sortimentsbereich erweitert und möchten nun Ihren Kunden den größtmöglichen Überblick über diesen Sortimentsbereich bieten. Sie werden gebeten, die Ware als Verbundplatzierung zu präsentieren. Bitte beschreiben Sie an einem Beispiel die Präsentation als Verbundplatzierung!

e) Sie präsentieren einen Artikel zusätzlich an der Kasse. Welche Gründe sprechen Ihrer Ansicht nach für die Zweitplatzierung einer Ware?

Ihre Notizen

Ausgangssituation 9:

Eine von Ihnen durchgeführte Sonderaktion war ein Erfolg. Nur der Absatz eines Artikels blieb hinter den Erwartungen zurück (Wählen Sie einen Artikel Ihres Warenbereichs!). Sie leiten verschiedene verkaufsfördernde Maßnahmen ein, um den Abverkauf zu steigern.

Bitte präsentieren Sie Ihre Lösungen/Begründungen zu den folgenden Aufgabenstellungen.

Aufgabenstellung:

a) Was verstehen Sie unter Verkaufsförderung (Sales Promotion)?

b) Welche verkaufsfördernden Maßnahmen eignen sich Ihrer Ansicht nach, um den Abverkauf dieses Artikels zu steigern?

c) Nennen Sie weitere Maßnahmen die zur Verkaufsförderung (Sales Promotion) zählen!

d) Warum weisen Hersteller und Händler in ihrer Werbung auf Gütezeichen hin?

e) Einige Hersteller stellen Ihnen für Ihre Verkaufsförderung Displaymaterial zur Verfügung. Welchen Vorteil bietet Ihnen das Nutzen dieser Materialien?

Ihre Notizen

Ausgangssituation 10:

Im Mittelpunkt der Unternehmensphilosophie Ihres Unternehmens steht die Kundenorientierung, um eine hohe Kundenzufriedenheit zu erzielen und die Kunden langfristig an Ihr Unternehmen zu binden.

Bitte präsentieren Sie Ihre Lösungen/Begründungen zu den folgenden Aufgabenstellungen.

Aufgabenstellung:

a) Was bedeutet Kundenorientierung für Ihre Arbeit?

b) Welche Ansprüche stellen Ihre Kunden an die Ware und an Ihren Ausbildungsbetrieb?

c) Wie wirkt sich eine hohe Kundenzufriedenheit auf den betriebswirtschaftlichen Erfolg Ihres Ausbildungsbetriebs aus?

d) Welche Maßnahmen ergreifen Sie zur Intensivierung der Kundenbindungen? Nennen Sie Beispiele aus Ihrem Ausbildungsbetrieb!

e) Als weiteres Instrument der Kundenbindung dient ein leistungsfähiges Beschwerdemanagement. Welche Aufgaben erfüllt ein Beschwerdemanagement?

Ihre Notizen

Ihre Notizen

6 Wahlqualifikation: IT-Anwendungen

(§ 3 Absatz 3 Nummer 6)

Ihre Notizen

6.1 Elektronische Geschäftsabwicklung

a) Austauschbeziehungen zu anderen Unternehmen und Endverbraucher darstellen, Geschäftsprozesse sowie deren Unterstützung durch IT-Anwendungen erläutern

b) Maßnahmen zur Behebung von Störungen in der IT-Anwendung einleiten

c) interne und externe elektronische Dienste nutzen

d) Vor- und Nachteile von E-Commerce und E-Business aus Sicht von Unternehmen und Kunden beurteilen

6.2 Datenbanken

a) Artikelstammdaten im Warenwirtschaftssystem erstellen und pflegen

b) Daten zur Unterstützung unternehmerischer Entscheidungen aufbereiten

c) Vorschläge zur Verbesserung von Sortimentsstrukturen, Logistikprozessen und Marketingaktionen entwicklen

d) Datenbanken auswerten

6.3 Optimierung der Warenwirtschaft

a) Bestandteile des Warenwirtschaftssystems in ihren Zusammenwirken auf die Steuerung der Arbeitsabläufe erklären

b) bei Analysen und Auswertungen von Kennziffern und Statistiken mitwirken

c) Ergebnisse des Warenwirtschaftssystems in Absatzprognosen umsetzen, Schlussfolgerungen für Lagerbestände und Aktionen der Verkaufsförderung ziehen

6.4 Benutzerunterstützung

a) Benutzer in die Bedienung und Nutzung von Informations- und kommunikationstechnischen Geräten einweisen und beraten

b) Bedienungsunterlagen bereitstellen, Hilfe-Programme nutzen

Ablauf des Fallbezogenen Fachgesprächs:

- Der Prüfungsausschuss legt Ihnen zwei Aufgaben vor, aus denen Sie eine auswählen.
- Anhand der ausgewählten Aufgabe wird das Prüfungsgespräch geführt.
- Sie haben ca. 15 Minuten Zeit, sich auf das Gespräch vorzubereiten. Machen Sie sich Notizen!
- Das Prüfungsgespräch dauert maximal 20 Minuten.
- Der Prüfungsausschuss bewertet anschließend Ihre Leistung und teilt Ihnen das Prüfungsergebnis mit.

Ausgangssituation 1:

Sie nutzen die Daten des computergestützten Warenwirtschaftssystems als Grundlage für Ihre betrieblichen Entscheidungen.

Bitte präsentieren Sie Ihre Lösungen/Begründungen zu den folgenden Aufgabenstellungen.

Aufgabenstellung:

a) Was sind Daten?

b) Was verstehen Sie unter dem Begriff Datenverarbeitung?

c) Erläutern Sie, nach welchem Prinzip die Datenverarbeitung arbeitet!

d) Unterscheiden Sie Daten nach verschiedenen Gesichtspunkten!

e) Welche Vorteile bietet die artikelgenaue Datenerfassung?

Ihre Notizen

Ausgangssituation 2:

Die Daten für das computergestützte Warenwirtschaftssystem werden auf unterschiedliche Art erhoben und verarbeitet.

Bitte präsentieren Sie Ihre Lösungen/Begründungen zu den folgenden Aufgabenstellungen.

Aufgabenstellung:

a) Beschreiben Sie den Unterschied zwischen Offline- und Onlineverarbeitung!

b) Bennen Sie die **5** Dateneinheiten der folgenden Darstellung!

4

Kunden-nummer	Firma	Straße	Haus-Nr.	Postleitzahl	Ort
12002	Emmrich, D.	Königstraße	12	40470	Düsseldorf
12003	Friedmann, S.	Gartenweg	45	53129	Bonn
12004	Hermann, G.	Badstraße	7a	56072	Köln
12005	Müller,T.	Schulstraße	2	40627	Düsseldorf

2

5

Artikel-nummer	Artikel	Größe	Lager-bestand	Einkaufs-preis	Verkaufs-preis
150/001	Aktenordner blau	A4, 7,5 cm	12	1,95 €	3,95 €
150/002	Aktenordner, rot	A4, 7,5 cm	45	1,95 €	3,95 €
150/003	Aktenordner, blau	A4, 3,5 cm	7	1,45 €	2,95 €
150/004	Aktenordner, rot	A4, 3,5 cm	2	1,45 €	2,95 €

1

3

c) Welche Komponenten umfasst die Zentraleinheit?

d) Was ist ein Server?

e) An welchen Stellen kommt das Warenwirtschaftssystem in Ihrem Ausbildungsbetrieb zum Einsatz?

Ihre Notizen

Ausgangssituation 3:

Zur Datenein- bzw. Datenausgabe setzen Sie im Rahmen Ihres Warenwirtschaftssystems neben modernen Scannerkassen weitere Peripheriegeräte ein.

Bitte präsentieren Sie Ihre Lösungen/Begründungen zu den folgenden Aufgabenstellungen.

Aufgabenstellung:

a) Für die Warendisposition nutzen Sie ein Mobiles Datenerfassungsgerät (MDE-Gerät). Beschreiben Sie dessen Arbeitsweise und erläutern Sie Vorteile, die es Ihnen bietet!

b) Nennen Sie weitere Peripheriegeräte, die Sie in Ihrem Ausbildungsbetrieb einsetzen!

c) Sie nutzen den vom Hersteller zur Kennzeichnung seiner Waren vergebenen GTIN-Code (Global Trade Item Number) zur artikelgenauen Datenerfassung. Wie ist dieser Code aufgebaut?

d) Beschreiben Sie die Vorgänge der Datenverarbeitung während eines Kassiervorgangs mithilfe des GTIN-Codes!

e) Was bedeutet in diesem Zusammenhang Echtzeitverarbeitung?

Ihre Notizen

Ausgangssituation 4:

Während Ihrer täglichen Arbeit greifen Sie auf verschiedene Datenbanken und Informationen des unternehmensinternen Intranets zurück.

Bitte präsentieren Sie Ihre Lösungen/Begründungen zu den folgenden Aufgabenstellungen.

Aufgabenstellung:

a) Welche Aufgabe haben Datenbanksysteme in Ihrem Ausbildungsbetrieb?

b) Aus welchem Grund müssen Sie Ihre Datenbanken pflegen?

c) Was ist ein Intranet?

d) Welche Aufgabe übernimmt ein unternehmensinternes Intranet?

e) Welche Vorteile bietet ein Intranet den Mitarbeitern eines Unternehmens?

Ihre Notizen

Ausgangssituation 5:

Ihr Ausbildungsbetrieb muss sich vor dem Verlust unternehmensinterner Daten schützen. Es gibt technische, organisatorische und programmtechnische Maßnahmen zur Datensicherung.

Bitte präsentieren Sie Ihre Lösungen/Begründungen zu den folgenden Aufgabenstellungen.

Aufgabenstellung:

a) Welche Ursachen können zu Datenverlusten führen?

b) Worin liegt der Unterschied zwischen Datensicherung und Datenschutz?

c) Beschreiben Sie, welche organisatorischen Maßnahmen Sie zur Sicherung der Daten Ihres Ausbildungsbetriebs treffen können!

d) Nennen Sie programmtechnische Sicherungsmaßnahmen, die Sie ergreifen!

e) Was sind Viren, Trojaner und Würmer und wie schützen Sie Ihre Daten davor?

Ihre Notizen

Ausgangssituation 6:

Die Abwicklung vieler Geschäftsprozesse erfolgt heute über das Internet. Es bietet Ihnen Vorteile, verpflichtet Sie jedoch auch, sorgfältig mit den Daten umzugehen. Dies gilt insbesondere bei der Abwicklung von Zahlungsvorgängen.

Bitte präsentieren Sie Ihre Lösungen/Begründungen zu den folgenden Aufgabenstellungen.

Aufgabenstellung:

a) Die Abwicklung der Bankgeschäfte Ihres Ausbildungsbetriebes – auch die Gehaltszahlungen – erfolgt über das Online-Banking. Was verstehen Sie unter Online-Banking?

b) Wie schützen Sie Ihre Daten beim Online-Banking?

c) Eine Gefahr des Online-Banking ist das sogenannte „Phishing", „Vishing" oder „Pharming". Welche Gefahr beschreiben diese Begriffe?

d) Damit das Online-Banking reibungslos und möglichst ohne Fehler erfolgt, erstellen Sie einen Leitfaden zur Abwicklung der einzelnen Zahlungsvorgänge. Welche Informationen sollte dieser Leitfaden enthalten?

e) Die Zu- und Abgänge auf Ihren Bankkonten bearbeiten Sie mithilfe eines Tabellenkalkulationsprogramms. Was verstehen Sie unter einem solchen Programm?

Ihre Notizen

Ausgangssituation 7:

Immer mehr Unternehmen digitalisieren ihre Geschäftsprozesse. Das E-Business gewinnt daher immer mehr an Bedeutung und ist aus dem heutigen Geschäftsleben kaum mehr wegzudenken.

Bitte präsentieren Sie Ihre Lösungen/Begründungen zu den folgenden Aufgabenstellungen.

Aufgabenstellung:

a) Was beschreibt der Begriff E-Business?

b) Erläutern Sie die Bedeutung des Begriffs E-Commerce!

c) Für den Einzelhandel sind im Bereich E-Business die Beziehungen B-to-B (B2B) und B-to-C (B2C) von Bedeutung! Was beschreiben diese Abkürzungen?

d) Ihr Ausbildungsbetrieb möchte das Internet für Marketingmaßnahmen nutzen. Nennen Sie mögliche Instrumente des Online-Marketings!

e) Welche Gründe halten Kunden davon ab, online einzukaufen?

Ihre Notizen

Ausgangssituation 8:

Die Kunden erachten heute einen Internetauftritt der Unternehmen als selbstverständlich. Sie möchten Ihr Unternehmen daher auch im Internet präsentieren und geben die Gestaltung einer entsprechenden Website in Auftrag.

Bitte präsentieren Sie Ihre Lösungen/Begründungen zu den folgenden Aufgabenstellungen.

Aufgabenstellung:

a) Wodurch unterscheiden sich die Begriffe Homepage und Website?

b) Welche Inhalte sollte eine serviceorientierte Website Ihres Unternehmens aus Sicht der Kunden enthalten?

c) Welche gestalterischen Aspekte machen eine gute Website aus?

d) Welchen Nutzen bietet der Internetauftritt Ihrem Unternehmen?

e) In welchem Gesetz sind die Rechte der Verbraucher beim Kauf über das Internet geregelt?

Ihre Notizen

Ausgangssituation 9:

Da die meisten Unternehmen über einen Internetzugang verfügen, erfolgt die Beschaffung von Waren und Dienstleistungen der Unternehmen meist auf diesem Weg.

Bitte präsentieren Sie Ihre Lösungen/Begründungen zu den folgenden Aufgabenstellungen.

Aufgabenstellung:

a) Was verstehen Sie unter E-Procurement und welche Vorteile bietet es Ihrem Ausbildungsbetrieb?

b) Unterscheiden Sie offene, halb offene und geschlossene Systeme des E-Procurement!

c) Beschreiben Sie in Stichworten den Ablauf einer Just-in-time-Belieferung!

d) Welche Voraussetzungen sind zur Einführung einer Just-in-time-Belieferung notwendig?

e) Welche Vor- und Nachteile bietet Ihrem Unternehmen ein solches System?

Ihre Notizen

Ausgangssituation 10:

Immer mehr Kunden kaufen online ein. Sie möchten diesen neuen Absatzmarkt nutzen und künftig einen Teil Ihres Sortiments in einem Internetshop anbieten.

Bitte präsentieren Sie Ihre Lösungen/Begründungen zu den folgenden Aufgabenstellungen.

Aufgabenstellung:

a) Was beschreibt der Begriff „Multi-Cannel-Distribution" (Multikanalvertrieb)? Nennen Sie drei mögliche Beispiele!

b) Der Erfolg Ihres Internetshops ist abhängig vom Online-Angebot. Machen Sie Vorschläge zum Warenangebot, das sich für den Internetshop Ihres Ausbildungsbetriebs eignet!

c) Die „Warenkorbfunktion" ist ein wesentlicher Bestandteil eines Online-Shops. Welche Angaben müssen dem Kunden für eine problemlose Kaufabwicklung zugänglich gemacht werden?

d) Für die Kunden ist die Vertrauenswürdigkeit des Anbieters sowie die Daten- und Zahlungssicherheit ausschlaggebend für eine Bestellung über das Internet. Welche Faktoren berücksichtigen Sie im Hinblick auf die Datensicherheit?

e) Welche Vorteile bietet Ihren Kunden das Online-Shopping?

Ihre Notizen

Ihre Notizen

7

Wahlqualifikation:

Personal

(§ 3 Absatz 3 Nummer 7)

Ihre Notizen

7.1 Selbstverantwortung und Motivation

a) Bedeutung von Motivation und Selbstverantwortung für den wirtschaftlichen Erfolg erläutern

b) Individuelle Voraussetzungen von Mitarbeitern und Mitarbeiterinnen bei der Vorbereitung von Personalentscheidungen berücksichtigen

c) Mitarbeiterführung als dynamischen, sich ständig verändernden Prozess erklären

7.2 Führen mit Zielen

a) Vorteile des Führens mit Zielen erläutern

b) Zielsysteme als inhaltliche Aufgabenstellung erläutern

c) Maßnahmepläne aus Zielen ableiten, Zielerreichung überprüfen

7.3 Selbst- und Zeitmanagement

a) Zusammenhänge von Selbst- und Zeitmanagement, Leistungssteigerung und Stress erläutern

b) Methoden des Selbst- und Zeitmanagement nutzen

7.4 Kommunikation

a) Möglichkeiten der Konfliktlösung insbesondere mit dem Ziel anwenden, Motivation, Arbeitsklima und Arbeitsleistung verbessern

b) sprachliche und nichtsprachliche Kommunikation im Mitarbeitergespräch anwenden

c) Selbstbild und Fremdbild bei der Kommunikation berücksichtigen

d) Einsatz und Durchführung von Kritikgesprächen in Konfliktsituationen beschreiben

7.5 Personalentwicklung

a) Ziele der Personalentwicklung des Ausbildungsbetriebes erläutern

b) Aus Personalbedarfsplanung, Personaleinsatz und Qualifikationsbedarf Maßnahmen zur Personalentwicklung ableiten

7.6 Personaleinsatz

a) Bedeutung von Kompetenzstrukturen erläutern

b) Personaleinsatzplanung erstellen

c) Arbeits- und sozialrechtliche Vorschriften bei Personalplanung und -einsatz anwenden

Ablauf des Fallbezogenen Fachgesprächs:

- Der Prüfungsausschuss legt Ihnen zwei Aufgaben vor, aus denen Sie eine auswählen.
- Anhand der ausgewählten Aufgabe wird das Prüfungsgespräch geführt.
- Sie haben ca. 15 Minuten Zeit, sich auf das Gespräch vorzubereiten. Machen Sie sich Notizen!
- Das Prüfungsgespräch dauert maximal 20 Minuten.
- Der Prüfungsausschuss bewertet anschließend Ihre Leistung und teilt Ihnen das Prüfungsergebnis mit.

Ausgangssituation 1:

Zu Ihrem Aufgabenbereich in Ihrem Unternehmen zählt das Personalwesen.

Bitte präsentieren Sie Ihre Lösungen/Begründungen zu den folgenden Aufgabenstellungen.

Aufgabenstellung:

a) Nennen Sie die Arbeitsbereiche, die zum Personalwesen zählen!

b) Was verstehen Sie unter dem Begriff Personalführung?

c) Beschreiben Sie, welche Merkmale den kooperativen Führungsstil kennzeichnen!

d) Welches Ziel verfolgen Sie mit Ihrer Personaleinsatzplanung?

e) Von welchen Faktoren ist Ihre Personaleinsatzplanung abhängig?

Ihre Notizen

Ausgangssituation 2:

Sie beschäftigen drei Vollzeitmitarbeiter und zwei Teilzeitkräfte (je 50 %). Das entspricht einer Personaldeckungsquote von 80 %.

Bitte präsentieren Sie Ihre Lösungen/Begründungen zu den folgenden Aufgabenstellungen.

Aufgabenstellung:

a) Was bedeutet diese Quote hinsichtlich Ihrer Personaleinsatzplanung?

b) Wie hoch ist Ihr Personalbedarf aufgrund der genannten Werte?

c) Welche Aufgabe hat die Personalbedarfsplanung?

d) Welche Faktoren erschweren Ihnen eine exakte Personalbedarfsplanung?

e) Welche internen und externen Möglichkeiten stehen Ihnen zur Personalbeschaffung zur Verfügung?

Ihre Notizen

Ausgangssituation 3:

Sie möchten eine/n Mitarbeiter/in einstellen und geben eine Stellenanzeige auf.

Bitte präsentieren Sie Ihre Lösungen/Begründungen zu den folgenden Aufgabenstellungen.

Aufgabenstellung:

a) Beschreiben Sie den Ablauf einer externen Personalbeschaffung!

b) Welche wesentlichen Inhalte sollten mögliche Bewerber der Anzeige entnehmen können?

c) Sie sichten die eingehenden Bewerbungen. Welche Unterlagen beinhaltet eine ausführliche Bewerbungsmappe?

d) Welche Kriterien sind Ihnen bei Ihrer Bewerberauswahl wichtig? Welche Bedeutung hat für Sie das Vorstellungsgespräch?

e) Im Laufe des Vorstellungsgesprächs fragt eine Bewerberin nach Fortbildungs- und Aufstiegsmöglichkeiten. Erläutern Sie ihr mögliche Wege, die Sie in Ihrem Unternehmen eröffnen können.

Ihre Notizen

Ausgangssituation 4:

Sie haben sich für einen Bewerber entschieden und stellen ihn als Verkäufer ein.

Bitte präsentieren Sie Ihre Lösungen/Begründungen zu den folgenden Aufgabenstellungen.

Aufgabenstellung:

a) Welche wesentlichen Bestandteile müssen im Arbeitsvertrag festgehalten werden?

b) Welche Gesetze und Verordnungen sind bei der Vertragsniederschrift zu berücksichtigen?

c) Welche Rechte und Pflichten hat der neue Mitarbeiter aus dem Arbeitsvertrag?

d) Welche Unterlagen bzw. Daten muss Ihnen der neue Mitarbeiter vor Arbeitsbeginn aushändigen?

e) Wie gestalten Sie den ersten Arbeitstag des neuen Mitarbeiters?

Ihre Notizen

Ausgangssituation 5:

Der Erfolg Ihres Unternehmens wird, neben der fachlichen Qualifikation, auch von der inneren Leistungsbereitschaft und der Zufriedenheit der Mitarbeiter am Arbeitsplatz beeinflusst.

Bitte präsentieren Sie Ihre Lösungen/Begründungen zu den folgenden Aufgabenstellungen.

Aufgabenstellung:

a) Was verstehen Sie unter Personalentwicklung?

b) Welche Maßnahmen dienen der Personalentwicklung?

c) Nennen Sie Faktoren, von denen die Motivation der Mitarbeiter abhängig ist!

d) Nennen Sie wesentliche Schlüsselqualifikationen, die für einen Verkaufsmitarbeiter wichtig sind!

e) Welche Vorteile bietet die Personalentwicklung sowohl dem Unternehmen als auch dem Mitarbeiter?

Ihre Notizen

Ausgangssituation 6:

Sie nehmen die Gehaltsabrechnung für den neuen Mitarbeiter vor. Er ist verheiratet und hat zwei Kinder, seine Ehefrau ist ebenfalls berufstätig und in Lohnsteuerklasse IV eingestuft.

Bitte präsentieren Sie Ihre Lösungen/Begründungen zu den folgenden Aufgabenstellungen.

Aufgabenstellung:

a) Welche Faktoren bestimmen die Höhe des zu zahlenden Nettogehaltes?

b) Durch die Gehaltszahlung entstehen Ihrem Unternehmen Personalnebenkosten. Finden Sie Beispiele für gesetzliche, tarifliche und freiwillige Personalnebenkosten!

c) Bei der Berechnung der zu leistenden Sozialversicherungsbeiträge müssen Sie das Bruttogehalt und die jeweils geltenden Beitragsbemessungsgrenzen berücksichtigen. Was wird durch die Beitragsbemessungsgrenzen festgelegt?

d) Bei der Berechnung der zu zahlenden Lohnsteuer ist die Lohnsteuerklasse zu berücksichtigen. Wie viele Lohnsteuerklassen gibt es und welche Faktoren bestimmen, in welche Steuerklasse Ihr neuer Mitarbeiter eingestuft wird?

e) Erklären Sie den Aufbau einer Gehaltsabrechnung!

Ihre Notizen

Ausgangssituation 7:

Bei der Einstellung von Mitarbeitern wird durch den Abschluss der Arbeitsverträge eine Vielzahl personenbezogener Daten gespeichert. Es gehört zu Ihren Aufgaben, diese Daten vor Missbrauch zu schützen.

Bitte präsentieren Sie Ihre Lösungen/Begründungen zu den folgenden Aufgabenstellungen.

Aufgabenstellung:

a) Welchen Zweck verfolgt das Bundesdatenschutzgesetz?

b) Welche Rechte haben Ihre Mitarbeiter nach dem Bundesdatenschutzgesetz?

c) Wer überwacht in Ihrem Unternehmen die Einhaltung der Vorschriften des Bundesdatenschutzgesetzes?

d) Die Personalakten enthalten alle personenbezogenen Unterlagen und Daten. Ist es Ihren Mitarbeitern gestattet, Einsicht in ihre Personalakten zu nehmen?

e) Welche Maßnahmen ergreifen Sie zum Schutz der personenbezogenen Daten Ihrer Mitarbeiter?

Ihre Notizen

Ausgangssituation 8:

Um die Rechte Ihrer Mitarbeiter zu wahren und Ihrer Fürsorgepflicht nachzukommen, müssen Sie in Ihrer täglichen Arbeit eine Vielzahl von Gesetzen und Verordnungen berücksichtigen.

Bitte präsentieren Sie Ihre Lösungen/Begründungen zu den folgenden Aufgabenstellungen.

Aufgabenstellung:

a) Nennen Sie wesentliche Arbeitsgesetze, die Sie beachten müssen!

b) Welche Mitarbeiter genießen einen besonderen Kündigungsschutz?

c) Unter welchen Voraussetzungen ist eine Kündigung sozial gerechtfertigt?

d) Welche Verhaltensweisen eines Mitarbeiters können eine Abmahnung notwendig machen?

e) Mitarbeiter haben nach Beendigung des Arbeitsverhältnisses Anspruch auf die Ausstellung eines Zeugnisses. Worin liegt der Unterschied zwischen einem einfachen und einem qualifizierten Zeugnis?

Ihre Notizen

Ausgangssituation 9:

Wesentlicher Bestandteil Ihrer Personalführung sind Beurteilungsverfahren und gezielte Mitarbeitergespräche.

Bitte präsentieren Sie Ihre Lösungen/Begründungen zu den folgenden Aufgabenstellungen.

Aufgabenstellung:

a) Wie fördern Sie in Ihrem Unternehmen eine eigenverantwortliche und teamorientierte Zusammenarbeit?

b) Eine Mitarbeiterin hat sich auf eine betriebsintern ausgeschriebene Stelle als Erstverkäuferin beworben. Für Ihre Entscheidung werten Sie einen Personalbeurteilungsbogen aus.
Welche Beurteilungsmerkmale können Inhalt eines solchen Beurteilungsbogens sein?

c) Sie planen ein Beurteilungsgespräch mit Ihrer Mitarbeiterin. Welche Regeln beachten Sie bei Ihrer Gesprächsplanung?

d) Was können Anlässe für Mitarbeitergespräche sein?

e) Mitarbeiter Ihres Ausbildungsbetriebes äußern ihre Unzufriedenheit darüber, dass die anfallenden Aufgaben unter den Mitarbeitern nicht gerecht verteilt sind. Beschreiben Sie, wie Sie diesen Konflikt lösen!

Ihre Notizen

Aufgabenstellung 10:

In Ihrem Ausbildungsbetrieb wurde ein Betriebsrat gewählt. Das Betriebsverfassungsgesetz räumt dem Betriebsrat verschiedene Rechte ein.

Bitte präsentieren Sie Ihre Lösungen/Begründungen zu den folgenden Aufgabenstellungen.

Aufgabenstellung:

a) Was bedeutet das Recht auf Mitbestimmung?

b) Welche weiteren Rechte kann der Betriebsrat wahrnehmen?

c) Vereinbarungen zwischen Unternehmensleitung und Betriebsrat können in Betriebsvereinbarungen festgehalten werden. Welche Bedeutung haben Betriebsvereinbarungen?

d) Wie können Meinungsverschiedenheiten zwischen Betriebsrat und Unternehmensleitung geschlichtet werden?

e) Wer vertritt die Interessen der jugendlichen Arbeitnehmer innerhalb des Betriebes?

Ihre Notizen

Ihre Notizen

8

Wahlqualifikation:

Grundlagen unternehmerischer Selbstständigkeit

(§ 3 Absatz 3 Nummer 8)

Ihre Notizen

8.1 Grundlagen unternehmerischer Selbstständigkeit

a) unternehmerische Selbstständigkeit als Perspektive der Berufs- und Lebensplanung begründen
b) Anforderungen an persönliche und fachliche Eignung für unternehmerische Selbstständigkeit beurteilen
c) Voraussetzungen und Rahmenbedingungen, Chancen und Risiken unternehmerischer Selbstständigkeit aufzeigen
d) Schritt in die Selbstständigkeit planen, Geschäftsidee entwicklen, Gründungskonzept erstellen und präsentieren
e) Marktforschungsdaten und Standortanalyse bei Gründung oder Übernahme eines Unternehmens berücksichtigen
f) rechtliche Bedingungen bei Gründung und Übernahme eines Unternehmens erläutern
g) Rechtsformen unterscheiden und eine geeignete auswählen
h) Finanzierungsquellen und Fördermöglichkeiten für unternehmerische Selbstständigkeit erkunden und auswählen, Finanzierung planen
i) Versicherungsarten für unternehmerische Selbstständigkeit auswählen
j) Steuerarten im Rahmen der unternehmerischen Selbstständigkeit aufzeigen
k) Kennziffern zur Steuerung des Unternehmens bewerten

Grundlagen unternehmerischer Selbstständigkeit

Ablauf des Fallbezogenen Fachgesprächs:

- Der Prüfungsausschuss legt Ihnen zwei Aufgaben vor, aus denen Sie eine auswählen.
- Anhand der ausgewählten Aufgabe wird das Prüfungsgespräch geführt.
- Sie haben ca. 15 Minuten Zeit, sich auf das Gespräch vorzubereiten. Machen Sie sich Notizen!
- Das Prüfungsgespräch dauert maximal 20 Minuten.
- Der Prüfungsausschuss bewertet anschließend Ihre Leistung und teilt Ihnen das Prüfungsergebnis mit.

Ausgangssituation 1:

Sie möchten sich nach Abschluss Ihrer Berufsausbildung selbstständig machen und erarbeiten ein Unternehmenskonzept.

Bitte präsentieren Sie Ihre Lösungen/Begründungen zu den folgenden Aufgabenstellungen.

Aufgabenstellung:

a) Was sind die wesentlichen Elemente Ihrer Unternehmenskonzeption?

b) Von welchen Faktoren ist die Wahl der Unternehmensform abhängig?

c) Nennen Sie die wesentlichen Gründungsvorschriften für eine Gesellschaft mit beschränkter Haftung (GmbH)! Welche Sonderregelungen gelten für die Gründung einer haftungsbeschränkten Unternehmergesellschaft?

d) Welche Merkmale kennzeichnen eine Kommanditgesellschaft?

e) Welche Gründe sprechen für bzw. gegen die Gründung einer Einzelunternehmung?

Ihre Notizen

Ausgangssituation 2:

Da Ihnen nur begrenzte finanzielle Mittel zur Verfügung stehen und Sie zu Beginn Ihrer Selbstständigkeit kein zu großes Risiko eingehen möchten, prüfen Sie die Möglichkeit der Unternehmensübernahme, der Unternehmensnachfolge und des Franchising.

Bitte präsentieren Sie Ihre Lösungen/Begründungen zu den folgenden Aufgabenstellungen.

Aufgabenstellung:

a) Welchen Vorteil hätte eine Unternehmensübernahme bzw. Unternehmensnachfolge für Sie?

b) Was kennzeichnet das Franchising?

c) Welche Vorteile bietet Ihnen und dem Franchisegeber dieses System?

d) Aus welchen Gründen entscheiden Sie sich trotzdem für die Unternehmensneugründung?

e) Welche unternehmerischen Ziele verfolgen Sie mit der Gründung Ihrer Unternehmung?

Ihre Notizen

Grundlagen unternehmerischer Selbstständigkeit

Ausgangssituation 3:

Sie entscheiden sich für die Unternehmensneugründung als Einzelunternehmung.

Bitte präsentieren Sie Ihre Lösungen/Begründungen zu den folgenden Aufgabenstellungen.

Aufgabenstellung:

a) Sie müssen für Ihr neu gegründetes Unternehmen eine Firmenbezeichnung finden, die den gesetzlichen Vorgaben des Handelsgesetzbuches entspricht. Was verstehen Sie unter dem Begriff Firma?

b) Welche Grundsätze müssen Sie bei der Wahl Ihrer Firma beachten? Welche Firmierung ist für Ihre Unternehmung zulässig?

c) Wer ist Kaufmann nach § 1 des Handelsgesetzbuches?

d) Alle Kaufleute müssen im Handelsregister eingetragen werden. Erläutern Sie, wo das Register geführt wird, welche Aufgabe es übernimmt und in welcher Abteilung Ihre Unternehmung eingetragen wird!

e) Welche Informationen werden über Ihr neu gegründetes Unternehmen im Handelsregister registriert?

Ihre Notizen

Ausgangssituation 4:

Sie stellen einen Finanzierungsplan für Ihr Unternehmen auf und verhandeln mit verschiedenen Kreditinstituten.

Bitte präsentieren Sie Ihre Lösungen/Begründungen zu den folgenden Aufgabenstellungen.

Aufgabenstellung:

a) Von welchen Faktoren wird der Kapitalbedarf Ihrer Unternehmung beeinflusst?

b) Um die Finanzierung Ihrer Unternehmung zu sichern, nutzen Sie einen Mix aus verschiedenen Finanzierungsarten. Unterscheiden Sie die Finanzierungsarten nach der Herkunft des Kapitals!

c) Vor der Kreditvergabe wird von den Kreditgebern in der Regel die Kreditwürdigkeit des Unternehmens geprüft und Sicherheiten verlangt, um sich gegen Verluste durch Zahlungsschwierigkeiten des Kreditnehmers zu schützen. Beschreiben Sie verschiedene Kreditsicherungsarten!

d) Wodurch unterscheidet sich ein Personal- von einem Realkredit?

e) Ihre Bank hat Ihnen einen Kontokorrentkredit eingeräumt. Welchen Vorteil bietet Ihrem Unternehmen diese Kreditform?

Ihre Notizen

Ausgangssituation 5:

Neben den klassischen Formen der Kreditgewährung über die Kreditinstitute gibt es noch andere Finanzierungsarten.

Bitte präsentieren Sie Ihre Lösungen/Begründungen zu den folgenden Aufgabenstellungen.

Aufgabenstellung:

a) Welche Kreditform beschreibt die Zahlungsvereinbarung „Zahlung innerhalb von 30 Tagen, 3 % Skonto bei Zahlung innerhalb von 10 Tagen"?

b) Lohnt es sich Ihrer Ansicht nach einen Kontokorrentkredit zu nutzen, um Skonto in Anspruch nehmen zu können?

c) Was besagt folgende im Kaufvertrag festgelegte Vereinbarung: „Die Ware bleibt bis zur vollständigen Bezahlung Eigentum des Verkäufers"?

d) Eine weitere Form der Finanzierung ist das Leasing. Beschreiben Sie diese Finanzierungsform! Welche Vorteile bzw. Nachteile bietet sie Ihrem Unternehmen?

e) Was verstehen Sie unter Factoring?

Ihre Notizen

Ausgangssituation 6:

Für die Einsparung von Kosten beim Wareneinkauf schließen Sie Kooperationsverträge mit anderen Unternehmen ab.

Bitte präsentieren Sie Ihre Lösungen/Begründungen zu den folgenden Aufgabenstellungen.

Aufgabenstellung:

a) Was verstehen Sie unter Kooperation?

b) Welche Vorteile bietet Ihnen der Anschluss an eine Einkaufsorganisation?

c) Nach eingehender Prüfung schließen Sie einen Kooperationsvertrag zum „Shop in Shop"-System mit einem anderen Unternehmen ab. Welche Ziele verfolgen Sie mit dem Abschluss dieses Vertrages?

d) Ihr Großhändler bietet Ihnen außerdem für eine Artikelgruppe ein „Rack-Jobber-System" an. Welcher Vorteil kann sich aus diesem System für Ihr Unternehmen ergeben?

e) Die Kooperation und Konzentration unterliegen gesetzlichen Bestimmungen, damit ein funktionsfähiger Wettbewerb gewährleistet bleibt. In welchen Gesetzen finden Sie wesentliche wettbewerbsrechtliche Vorschriften?

Ihre Notizen

Grundlagen unternehmerischer Selbstständigkeit

Ausgangssituation 7:

Als Unternehmer schließen Sie sowohl private als auch betriebliche Versicherungen ab, um die wirtschaftlichen Konsequenzen aus Personen-, Sach- und Vermögensschäden zu mindern.

Bitte präsentieren Sie Ihre Lösungen/Begründungen zu den folgenden Aufgabenstellungen.

Aufgabenstellung:

a) Aus welchen Gründen ist es notwendig, dass Sie sich als Unternehmer ausreichend privat absichern? Welche Versicherungen schließen Sie privat ab?

b) Jeder Unternehmer muss natürlich prüfen, welche Versicherungen für seinen Betrieb gesetzlich vorgeschrieben oder sinnvoll sind. Nennen Sie wichtige betriebliche Versicherungen!

c) Welches Risiko minimiert die Betriebsunterbrechungsversicherung?

d) Als Unternehmer unterliegen Sie der Steuerpflicht. Nennen Sie wesentliche Steuern, die Ihr Betrieb zahlen muss!

e) Was ist die Gewerbesteuer? Bitte erläutern Sie, auf welcher Besteuerungsgrundlage sie basiert!

Ihre Notizen

Ausgangssituation 8:

Als Unternehmer müssen Sie den Kontakt mit vielen Institutionen und Behörden pflegen.

Bitte präsentieren Sie Ihre Lösungen/Begründungen zu den folgenden Aufgabenstellungen.

Aufgabenstellung:

a) Bei welcher Institution müssen Sie Ihr neu gegründetes Unternehmen anmelden?

b) Nennen Sie weitere Stellen, die über Ihre Unternehmensgründung informiert werden!

c) Mit der Unternehmensgründung werden Sie Pflichtmitglied der zuständigen Industrie- und Handelskammer. Welche Rechte und Pflichten ergeben sich daraus für Ihr Unternehmen?

d) Welche Aufgabe übernimmt der Einzelhandelsverband?

e) Wie machen Sie Ihr neu gegründetes Unternehmen bekannt?

Ihre Notizen

Ausgangssituation 9:

Sie überwachen die Zahlungseingänge Ihrer Kunden, um die Sicherung der Liquidität Ihres Unternehmens zu gewährleisten.

Bitte präsentieren Sie Ihre Lösungen/Begründungen zu den folgenden Aufgabenstellungen.

Aufgabenstellung:

a) Welche Rechte können Sie aus dem Zahlungsverzug wahrnehmen?

b) Wie formulieren Sie die erste Zahlungserinnerung an Ihre Kunden?

c) Was unternehmen Sie, wenn ein Kunde trotz Mahnung nicht zahlt?

d) Schildern Sie den Ablauf eines gerichtlichen Mahnverfahrens!

e) Welche Aufgaben übernehmen in diesem Zusammenhang Inkassobüros?

Ihre Notizen

Ausgangssituation 10:

Aufgrund der schwachen Konjunktur kommt es immer häufiger zu Zahlungsschwierigkeiten der Unternehmen. Einige Ihrer Mitbewerber mussten ihre Betriebe schließen.

Bitte präsentieren Sie Ihre Lösungen/Begründungen zu den folgenden Aufgabenstellungen.

Aufgabenstellung:

a) Nennen Sie mögliche Ursachen für eine Unternehmenskrise!

b) Welche Maßnahmen zur Erhaltung bzw. Gesundung Ihres Unternehmens können Sie ergreifen?

c) Einer Ihrer Hauptlieferanten hat die Eröffnung eines Insolvenzverfahrens beantragt. Was ist ein Insolvenzfahren?

d) Wozu dient die Eröffnung eines Insolvenzverfahren und was ist die Aufgabe der Gläubigerversammlung?

e) Welche Gründe können der freiwilligen Liquidation einer Unternehmung zugrunde liegen?

Ihre Notizen

Prüfung? Kein Problem!

Prüfungs- und Arbeitshilfen für die kaufmännische Ausbildung

Sicher in die Abschlussprüfung

Verkäufer/-in
Kfm./Kffr. im Einzelhandel Teil 1
Lernkarten Abschlussprüfung - Basismodul

Best.-Nr. 2484

- Auf 560 Lernkarten werden alle wichtigen Themen der Abschlussprüfung in kurzer und einprägsamer Form abgefragt: Verkauf und Marketing; Warenwirtschaft und Rechnungswesen; Wirtschafts- und Sozialkunde
- Als Papier- und Online-Version erhältlich

ab **24,99 €**

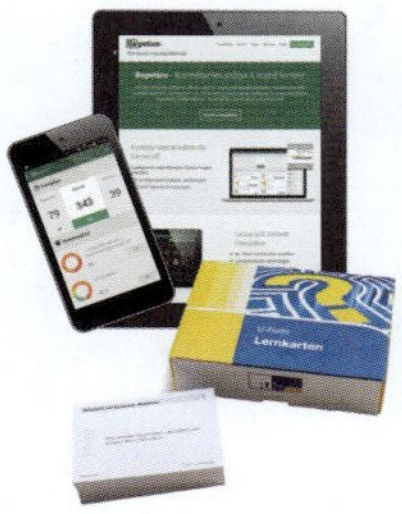

Verkäufer/-in
Kfm./Kffr. im Einzelhandel Teil 1
Lernkarten Abschlussprüfung - Zusatzmodul

Best.-Nr. 2485

- 150 ergänzende Lernkarten zum Basismodul: Verkauf und Marketing; Warenwirtschaft und Rechnungswesen; Wirtschafts- und Sozialkunde
- Als Papier- und Online-Version erhältlich

ab **8,99 €**

Original IHK-Aufgabensätze und Lösungserläuterungen zur Abschlussprüfung

Original IHK-Abschlussprüfung, Teil 1

Best.-Nr. 7501-x*

- bundeseinheitlich bis auf Baden-Württemberg, mit Musterlösungen für die Fächer Warenwirtschaft und Rechnungswesen

* i. d. R. sind die Prüfungen der letzten 3 Prüfungstermine verfügbar

IHK

je **13,00 €**

Teil 2

(Geschäftsprozesse)

Best.-Nr. 7502-x*

- bundeseinheitlich bis auf Baden-Württemberg

* i. d. R. sind die Prüfungen der letzten 3 Prüfungstermine verfügbar

IHK

je **9,50 €**

Lösungserläuterungen IHK-Abschlussprüfung, Teil 1

Best.-Nr. 548-x*

- Erläuterungen der Lösungen für die Fächer Warenwirtschaft und Rechnungswesen
- ausformulierte Lösungsvorschläge für das Fach Verkauf und Marketing

* i. d. R. sind die Prüfungen der letzten 3 Prüfungstermine verfügbar

je **10,29 €**

Lösungserläuterungen IHK-Abschlussprüfung, Teil 2

Best.-Nr. 527-x*

- ausformulierte Lösungsvorschläge für das Fach Geschäftsprozesse

* i. d. R. sind die Prüfungen der letzten 3 Prüfungstermine verfügbar

je **6,99 €**

Bestellschein

Bitte hier Ihre Kunden-Nummer eintragen:

Absender/Stempel (genaue Versandanschrift)

U-Form Verlag
Hermann Ullrich GmbH & Co. KG
Cronenberger Straße 58
42651 Solingen

E-Mail

Datum/Unterschrift

Bitte achten Sie darauf, dass Sie nur auf einem Weg bestellen, um Doppellieferungen zu vermeiden.

Telefon 0212 22207-0 oder **Fax 0212 208963** oder **E-Mail: uform@u-form.de** oder **Internet: www.u-form.de**

Titel	Bestell-Nr.	Anzahl	Einzel-preis	Gesamt-preis

Preise einschließlich Mehrwertsteuer (außer bei Einstellungstests), zuzüglich Versandkostenpauschale von 5,99 €, Angebot freibleibend

☐ **Eilservice 5,50 €**

Summe

Zusätzlich möchte ich einen kostenlosen Prospekt zu den angekreuzten Themen:

- ☐ Automobilkaufmann/-frau
- ☐ Bankkaufmann/-frau
- ☐ Fachkraft für Lagerlogistik Fachlagerist/-in
- ☐ Gastgewerbe
- ☐ Immobilienkaufmann/-frau
- ☐ Industriekaufmann/-frau
- ☐ IT-Berufe
- ☐ Kfm./Kffr. für Büromanagement
- ☐ Kfm./Kffr. für Marketingkommunikation
- ☐ Kfm./Kffr. für Spedition- und Logistikdienstleistung
- ☐ Kfm./Kffr. für Versicherungen und Finanzen
- ☐ Kfm./Kffr. im Einzelhandel
- ☐ Kfm./Kffr. im Gesundheitswesen
- ☐ Kfm./Kffr. im Groß- und Außenhandel
- ☐ Personaldienstleistungskaufmann/-frau
- ☐ Tourismuskaufmann/-frau
- ☐ Sport- und Fitnesskaufmann/-frau
- ☐ Verkäufer/-in